育児担当制による
乳児保育 実践編
一人ひとりへの生活・発達・遊びの援助

西村真実 著

中央法規

はじめに

　『育児担当制による乳児保育―子どもの育ちを支える保育実践』（2019年）の出版は、筆者にとっても、出版社にとっても、実は大きなチャレンジでした。「育児担当制」という文言を冠した書籍が保育関係者に受け入れられるかどうかは、誰にも予見できなかったのです。しかし、出版から2年の間に何度も重版を重ね、たくさんの保育関係者のお手元に『育児担当制による乳児保育』があります。この書籍を機に「育児担当制」に興味をもってくださった方、今までの「担当制」を見直しはじめた方、ずっと「育児担当制」に取り組んでこられた方、そうした方々をサポートできたことを、今、心から誇りに思っています。

　「育児担当制」はごく少数の保育施設で長く実践が重ねられてきました。筆者はそれを開発したわけではなく、紹介したにすぎません。これまで筆者は、実践者である保育者の方々や保育施設職員のみなさま、そして子どもたちから多くを学んできました。それらをまとめたものが、『育児担当制による乳児保育』でした。

　出版後、とくに保育現場の方々から続刊の要望をたくさんいただきました。「育児担当制をもっと詳しく知りたい」、「保育者の日課はどう組めばいいのか」などの声を受けて本書の企画が立ち上がったのは2019年の晩秋です。中央法規出版の決断に心から感謝申し上げます。ひかりのくに株式会社の月刊誌『保育とカリキュラム』で執筆してきた内容を含めて、育児担当制のさらなる具体的手法についての図書をお届けするべく、「育児担当制による乳児保育」制作チームが再集結しました。

　新刊出版のプロセスが着々と進行していた2020年の年明け、新型コロナウイルスのパンデミックがはじまりました。それは、本書の写真を撮影するため、既に何園かの保育園から承諾をいただき、撮影日程も確定していた時期でした。しかし、新型コロナウイルスの感染拡大状況から、撮影を断念せざるを得なくなってしまったのです。ようやく感染状況が落ち着きはじめ、再度日程を調整し、できる限りの感染対策をもって再び準備を進めました。けれど、撮影当日近くになると再び感染拡

大がはじまり、撮影を断念する、そんなことが何度も起きました。「もうこの図書は出版できないかもしれない」と覚悟したことは、今でも忘れられません。

　2021年が明けた頃、撮影を承諾してくださったのは、福岡県北九州市で育児担当制の実践を重ねてこられた社会福祉法人正善寺福祉会小倉北ふれあい保育所の先生方でした。ただし、撮影隊が園内に立ち入ることはできなかったため、主任保育士である酒井初惠先生に動画撮影をお願いし、映像データから画像を抽出するという方法をとることになりました。撮影のために、何度も遠隔でミーティングを行い、映像処理担当の堤谷孝人さんからは細やかなご教示をいただきました。酒井先生には何日にもわたって動画を撮影していただき、そのたびに映像を何度も確認し、そこから画像を抽出していくという途方もない作業が続きました。

　本書はコロナ禍の中で、関係者一同の新たな挑戦によって作り上げてきた一冊です。編集者の荒川陽子さん、撮影指導と画像処理を担当してくださった堤谷孝人さん、毎日の愛情あふれるあたたかな映像を撮影してくださった酒井初惠先生、それをサポートしてくださった酒井義秀先生と小倉北ふれあい保育所のみなさま方、イラストレーターのにしださとこさん、編集プロダクションの方々、それぞれが注いでくださった力を結集して、ようやく上梓に至りました。このチームを支えてくださったみなさまに、心からお礼申し上げます。

　主任保育士である酒井先生が撮影する映像は、すべてが気負いのない「子どもと保育者のありのままの日常」で、自然であたたかな表情と、愛情あふれる保育実践が映し出されていました。第3章にあるエピソードは、すべて映像からの書き起こしです。小倉北ふれあい保育所の保育実践から生まれた本書が、育児担当制の理解を深め、実践を広げる一助となることを、願ってやみません。

2021年7月　西村真実

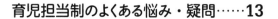

contents

第3章　発達に応じた遊びの援助と遊び環境

第1章

育児担当制とは

乳児保育をめぐる課題

乳児保育の現状をふまえ、改めて乳児保育に求められること、
乳児保育に必要なことを考えてみましょう。

1. 乳児保育の現状

　保育所などを利用する3歳未満児の児童数は、年々拡大の一途をたどっています。2007
（平成19）年からの13年間で、3歳未満児の保育所利用人数は2倍近く増加しました（図
1-1）。各年齢の子どもの総人口から保育所を利用する子どもの割合である保育所利用率を
見ると、0歳児は2007（平成19）年に7.8％だったものが、2020（令和2）年では16.9％と
倍増しています。1～2歳児では2007（平成19）年に26.6％だった保育所利用率は2020（令
和2）年には50.4％となりました（図1-2）。我が国の1～2歳児の半数が保育所等の家
庭外で保育を受けているということになります。同時に、保育施設では3歳未満児の受け
入れ人数が増加しました。3歳未満児の保育は、いまや、ごく一般的なものとなっています。

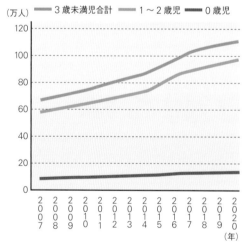

図1-1 保育所等利用児童数
（3歳未満児）の推移

資料：各年の「保育所等関連状況取りまとめ」（厚生労働省）

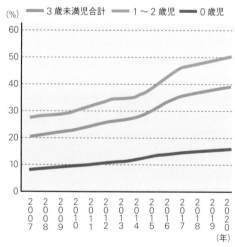

図1-2 年齢別保育所等利用率の推移

資料：図1-1と同じ

2. 保育の内容・方法

　1965（昭和40）年に公布された保育所保育指針は、おおむね10年ごとに改定を重ねてきました。詳細は既刊『育児担当制による乳児保育』（中央法規,2019）で示した通りですが、改定を重ねるごとに3歳未満児の保育では子どもの個別対応と特定の保育者による関与を重視する一方で、実際のところは0歳児や1歳児であっても集団活動が行われていることも少なくありません。保育者は「一人ひとりを大切にしたい」と願っているにも関わらず、保育の方法は概ね50年前と同様の内容・方法が続いているともいえます。

　保育雑誌などで紹介される「3歳未満児対象の遊び」を見ると、保育者がリードする遊びが掲載されていることが少なくありません。子どもが主体となるはずの遊びを大人が主導するという形態です。生活面でも同様に、大人が主導する形態となります。そのような場合、保育者がお世話をする、子どもはお世話をされるという一方的な関わりとなり、子どもは受け身となってしまいます。0歳児であっても、子どもは自分で遊ぶ力を有しているし、食事、着脱、排泄などの生活行為においてもその主体は子どもです。

　子どもが主体となるということは、すべてを子どもに任せることではありません。それぞれの子どもの発達に応じて、可能なことは子ども自身が行い、難しいことを保育者が見極めて援助していくということです。したがって、遊びも生活も一人ひとりの子どもによって大きく異なってくることは当然です。3歳未満児の活動や、それに対する保育者の援助は個別のものとなるのが基本です。

　子どもがもつ力を発揮し、その育ちを支えるための保育内容や方法を今一度見つめ直すことが求められています。

保育所保育指針より

第1章　総則

1. 保育所保育に関する基本原則

（3）保育の方法

　保育の目標を達成するために、保育士等は、次の事項に留意して保有しなければならない。

オ　子どもが自発的・意欲的に関われるような環境を構成し、子どもの主体的な活動や子ども相互の関わりを大切にすること。特に、乳幼児期にふさわしい体験が得られるように、生活や遊びを通して総合的に保育すること。

子どもが有する力を発揮できるよう援助を行う（0歳）

②「育児担当制」の特徴と考え方

「担当制」には様々な解釈や方法がありますが、本書で捉える「育児担当制」について特徴と考え方を学びます。

1. 担当制とは

「担当制」という文言はすでに保育者にとって一般的用語となりつつありますが、実際のところ明確な定義はありません。一人ひとりの保育者や保育施設で、それぞれの解釈をして使っている、というのが現状です。本書では、そうした一般的な「担当制」を、「特定の保育者が特定の子どもを担当する」と定義します。

実際のところ、「担当制」を行っているとしても、その方法は様々です。個人記録や個別カリキュラムを担当するものもあれば、特定の保育者が担当する複数の子どもをグループで保育するものもあります。さらに、特定の保育者に特定の子どもが決まっていても、「食事だけ」を担当するものや、保育者が担当する複数の子どもを定期的に交代するものもあります。

「緩やかな担当制」という表現もよく用いられます。前述した担当制を、それぞれ緩やかに実施するということなのだと推察すると、「特定の保育者が特定の子どもを担当する」という基本が成立しないことになりかねません。「緩やか」という柔和な表現は受け入れられやすいものではありますが、子ども側から見ると「混乱」となり得るものです。

2.「育児担当制」の特徴

❶ 情緒的な絆

「育児担当制」とは、特定の保育者が継続的に特定の子どもの生活援助を行う保育の形態をさします。その目的は、一人ひとりの子どもに応じた細やかな発達援助です。子どもの発達には、子どもの主体的な環境への働きかけによる直接的経験が欠かせません。子ども自ら主体的に環境に働きかけるためには、子どもが自分の周囲に興味・関心をもつことが必要です。子どもが周囲に興味・関心をもつためには、情緒が安定し、安心できている必要があります。特定の保育者と子どもが結ぶ情緒的絆が、子どもの情緒の安定を支えます。育児担当制では、特定の保育者が継続的に特定の子どもの食事、排泄、着脱など日常的な

育児担当制で進める1歳児クラスの保育の一場面

生活援助を行います。日常的に頻繁に行われるこれらの生活援助を通して、子どもと保育者が頻回に交流し、情緒的な絆を深めていきます。

❷ 応答的対応による発達援助

育児担当制では、特定の保育者が継続的に同じ手順で特定の子どもの生活援助を行います。そのため、子どもにとっては安心して生活ができ、「いつも行うこと」の手順も含め、生活行為やその手順がわかりやすいものとなります。次に何をするか、見通しがもちやすいので子ども自身が行為を行いやすくなります。食事、着脱、排泄などの生活行為で、子どもが自分でできるところは自分で行い、自分で行うことが難しいところは保育者が援助します。こうした行為の流れの中で、子どもと保育者の言語・非言語での交流が行われます。

特定の子どもを継続的に援助する保育者は、毎日の生活行為の繰り返しの中で、子どもを観察・理解し、その発達の状態をより詳細に把握します。一人ひとりの子どもの発達課題を的確に捉えることで、その子どもに合った援助を行うことが可能になります。言語の獲得期にある子どもとのコミュニケーションは、保育者が主導するものではなく、子どもからの発信をキャッチすることが非常に重要です。子どもを主体として尊重し、子どもの視線や表情から子どもの興味・関心を把握し、保育者も同じものに関心を寄せます。子どもの発信を尊重し、それを受け止めて反応を返すことが基本です。

保育所保育指針に定義される「教育」とは、「子どもが健やかに成長し、その活動がより豊かに展開されるための発達援助」です。3歳未満児では、食事や排泄、着脱といった生活場面においても発達援助が行われています。生活場面において特定の保育者が子ども一人ひとりに応じて細やかな応答的対応を行うことで、豊かな発達援助、つまり教育的援助が行われることが育児担当制の大きな特徴です。

❸ 流れる日課

　育児担当制では、一人ひとりの子どもが1日の生活の流れをもっています。クラスのデイリープログラムに合わせて子どもが生活をするのではなく、一人ひとりの子どもの24時間の生活リズムを基に構成される1日の流れを「日課」と呼びます。一人ひとりの子どもの日課が尊重され、スムーズに流れるよう一人の保育者が担当する子どもたちの日課とその援助の流れを構成します。クラス内では複数の保育者が、それぞれ担当する子ども一人ひとりの日課と援助を担います。互いに子どもの日課や援助を妨げないよう、クラス内での子どもたちの生活の流れを整えます。クラスのデイリープログラムは1本ではなく、子ども一人ひとりの日課の複合体です。

　子どもの日課がスムーズに流れることを「流れる日課」と呼びます。多数の子どもと一緒に行動するために必要以上に待たされたり、急かされたりすることなく、日常的に一人ひとりの生活のペースが守られます。それによって子どもは生活の流れが安定し、安心して生活を送ることができるとともに、「次に何があるのか」見通しをもちやすくなります。生活の見通しがもちやすい、ということが子どもをさらに安心させるとともに、子ども自身が自分で行動をとりやすくなります。流れる日課は、子どもが主体的に生活を送ることを支えるものです。それは、環境による発達援助であり、環境による教育的援助であるといえます。

それぞれの「流れる日課」に沿って子どもの生活が進む

保育者の行動はバラバラに見えても、実は互いにフォローしている

❹ 保育者間の協働

　育児担当制は、「特定の保育者が特定の子どもを担当する」ことで完成するものではありません。一人ひとりの子どもの流れる日課は、子どもの担当である特定の保育者一人で支えきれるものではありません。一人の子どもが流れる日課に則って生活し、それを特定の保育者Ａから援助されるとき、たとえば、食事や排泄といった場面で、特定の保育者Ａが担当する他の子どもは、他の保育者Ｂが見ているからです。クラス内の保育者同士が互いをフォローできるように１日の流れを構成します。子どもの流れる日課は、保育者ＡとＡを支える保育者Ｂによって成立するといっても過言ではありません。

　育児担当制では、子どもが集団で一斉に行動することはありません。同じクラスの中で、保育者の行動は一見バラバラに見えますが、実は互いにフォローをし合うことで、一人ひとりの子どもの生活がスムーズに流れています。

3. 様々な担当制との比較

　次に、育児担当制とは異なるタイプの担当制と育児担当制との違いを解説していきます。

❶ 場所の担当制（役割担当制）

　クラス担任間で、リーダー、サブ、雑用係などの役割を決め、リーダーが子どもを主導し、サブがそのフォローにあたるなどして保育を進めていく方法です。子どもは全員が集団で活動することになるため、特定の保育者が特定の子どもを援助するわけではありません。

記録や個別計画は、保育者が必ず行う業務なので、これらを分担していることで特定の子どもを援助しているというには無理があります。一斉に行う子ども集団の活動を、保育者が役割分担して進めていく形態といえます。 子ども一人ひとりが日課をもつわけではなく、子ども全員がクラスのデイリープログラムに沿って1日を過ごしています。

　こうした保育の方法を「担当制」と呼ぶところもあるようですが、本書での定義には当てはまりません。特定の保育者が特定の子どもを援助するわけではないことが、育児担当制とは大きく異なります。また、育児担当制では、クラスの子ども全員が生活行為を含めて同時に同じ活動を行うことはありません。子どもが保育者にリードされて遊ぶことも、育児担当制にはない点です。

❷ グループ担当制

　子どもをいくつかのグループに分け、グループを担当する保育者がグループの子どもを援助する形態の保育です。特定の子どもを特定の保育者が援助する、という担当制の条件は満たしています。この形態では、子どもの活動はグループごとに行われることが多く、少人数での保育といえます。小規模ではありますが、グループの子どもが同時に同じ活動を行うものであるため、小さな一斉保育となってしまいます。食事や排泄などの生活場面でも、グループで同時に行動するので、特定の保育者が特定の子どもを担当しているけれど、それぞれの子どものペースに合わせて個別に援助が行われているわけではありません。

　グループごとにデイリープログラムが立てられている場合もあります。しかし、子ども一人ひとりに日課があるものではなく、子どもはグループ、もしくはクラスのデイリープログラムに沿って生活します。

子どもには、それぞれ「流れる日課」があり、たっぷり保障された遊びの時間の中で、自分のペースで遊ぶ

育児担当制で進める 2 歳児クラスの保育の一場面

4. 担当制を行わない理由

　2012（平成 24）年に日本保育協会が実施した調査では、担当制実施の有無について、「実施している」という回答は 0 歳児で 47.4%、1 〜 2 歳児では 46.6% でした。この時点で、0・1・2 歳児のどの年齢でも担当制を実施しているのは半数程度でした。

　2018 年に筆者が実施した調査では、「担当制を実施している」という回答は 0 歳児では 52.4%、1 歳児では 48.7%、2 歳児では 51.8% でした。2012 年度の調査と大きな差はありません。

　では、なぜ担当制を実施しないのか、自由記述で回答を求めたところ、いくつかの特徴的な回答群が認められました。

❶ 勤務体制や雇用形態
　保育現場では、保育者はシフト勤務を行っているところがほとんどです。そのため、担当制を行えないという回答群がありました。「担当制」は、保育者の勤務時間を超えて保育時間すべてをカバーできるものではありません。子どもがクラスで過ごす時間帯すべてで行うことは、「担当制」の限界でもあります。しかし、担当制を実施しているところでもシフト勤務が行われています。担当制を実施するにあたっては、シフトを構成する際に創意工夫が行われています。

　常勤保育者が少なく短時間勤務の保育者が入れ替わりでクラスに入るため、担当制を行えないという回答群もありました。これは、保育者の努力でカバーできる範疇を超えたものです。保育者不足という社会的背景の影響を受けた今日的課題といえます。

❷ 集団志向

　担当制を実施しない理由で多かったものが、集団志向です。「担任全員で、子ども全員を保育する」、「子どもは多くの保育者と関わりをもつ方が良い」、「複数の保育者の複数の視点から、子どもを理解し見守る」などがあげられます。「保育者全員で子ども全員を見る」、という響きは温かなものですが、一人の保育者の観察の対象人数が増加すると、焦点が霞み、対象となる子どもの理解が表層的なものとなるおそれがあります。こうした回答は、「担当制を行っていない」理由を示したもので、担当制を行っている保育者が示した「担当制のデメリット」ではありません。むしろ、実施していない「担当制」への偏った先入観とも言えるかもしれません。さらに、担当制は子どもが特定の保育者とだけ関わるものではありません。クラス内の他の保育者との関わりは、日常的に生じるものです。

　3歳未満児の保育では、子ども全員が集団で行動するような形態がとられてきたことは事実です。しかし、子どもにとって、また一人ひとりの子どもの発達を保障するうえで、こうした保育の形態が有効かどうかを再考する必要があります。

　保育所保育指針で3歳未満児の保育に求められる対応は、個別的なものです。子どもの情緒的安定を支えるのは、心の基地となる特定の保育者です。特定の保育者は、一人ひとりの子どもとその育ちを深く理解し、適切な援助を行う人でもあります。

❸ 公平性の確保

　担当制を実施しない理由で「集団志向」と同様に多かったものが、「公平性の担保」です。「保育者はどの子どもでも同じように保育ができるように」、「子どもが担当者に固執すると他の保育者が受け入れられなくなる」「保育者が担当している子どもしか見られなくなる」など、どの子どもにも、どの保育者も公平で平等な保育を行うことを志向するものです。

　しかし、保育における公平や平等とは、関与の頻度や形態で捉えるものではないと考え

同じ援助を同じ回数受けることが「平等」や「公平」ではない

一人ひとりの子どもに
必要な援助が行われる

ます。援助の対象となる子どもによって、保育者の関与が異なるのは当然です。言葉かけ
や手助けの回数など、目に見える援助を同様にすることが平等ではありません。どの子ども
も、それぞれに応じた援助を適切に受けていることこそが「平等」です。したがって平等
性を担保するということは、子どもがそれぞれに必要な援助を個別に受けるということが前
提になります。

　子どもが担当者に固執するのは、愛着行動であり、健全な反応です。子どもが不安や危
険を感じたときに、安全基地となる特定の大人がいることで安心し、「守られ、愛されてい
る確信」があれば、やがてそれが子どもの主体的な行動と、他者への共感を育てます。むしろ、
長時間を保育施設で過ごす3歳未満児の子どもが愛着行動を示さない姿の方が、心配では
ないでしょうか。

　育児担当制では、一人の子どもを担当する特定の保育者と、その保育者が不在の際に子
どもを担当する「第二の担当者」を決めて保育を進めます。休暇や研修など、特定の保育
者の不在は起こり得るものですので、そうした際に、少しでも子どもが安心して過ごせるよ
うに人的環境を整えることが重視されています。

　また特定の保育者が「担当する子どもを見る」ことは、「担当しない子どもを見ない」と
いうことではありません。とくに育児担当制の場合は、生活援助以外の場面で、他の保育
者が担当する子どもを、自分の担当する子どもと一緒に見ることは日常的に行われています。
遊びの場面や日常生活の中で、自分が担当する特定の子どもと、その他の子どもとの交流
や関与を行うのは、当然のことです。担当制は、子どもや保育者を分断するものではありま
せん。むしろ、担当制では自分の担当する子どもについて他の保育者と情報共有を意識的
に行っています。担任全員が子ども全員のことを見る、ということは表層的なものではなく、
保育者の連携によって成立するものといえます。

　「担当制を実施しない理由」を見ると、担当制という営みが表層的に捉えられていること
が共通しているように思います。担当制についての偏った先入観もありました。ここで示
された理由は、子ども側の視点や利益ではなく、大人側からの視点で語られていることも、
大きな特徴といえるでしょう。

③ 「育児担当制」の目的

これまで見てきた担当制の特徴、育児担当制の意義をふまえて、今一度この保育のねらいを確認しましょう。

1. 育児担当制のねらい

　育児担当制の目的は、一人ひとりの子どもの育ちを支えることです。そのために、特定の保育者が特定の子どもの生活を継続的に援助します。特定の保育者が頻回に関わることで、子どもとの関係を深め、一人ひとりの子どもをより深く理解し、その理解に基づいて適切に行う援助が、丁寧な援助となります。3歳未満児を担当する保育者であれば、誰もが「子ども一人ひとりに丁寧に関わりたい」と願っているのではないでしょうか。「育児担当制」は、それを実現する手法の一つといえます。

　援助の実際は、一人ひとりの子どもによって異なるものであるのは当然です。しかし、生活援助は、教育的関与であるとともに、保育者の専門的技術を用いて行うものです。そのため、援助に際して用いる技術には、発達援助の知識に基づく「根拠」つまり、なぜ、そのように行うのか、という理由が存在します。それらは、援助の際の配慮や留意点として保育者が共有するものでもあります。

　次章からは、そうした根拠をふまえて、実際の援助の手法について解説を行っていきます。

一人ひとりの子どもに
丁寧に関わることは保
育者の願い

育児担当制のよくある悩み・疑問

育児担当制についてよくある悩みや疑問に答えます。

Q1 担当者が休む場合、担当する子どもは誰が見るのですか？

子どもの担当を決める時は、主担当と副担当を決めます。各保育者は、主担当の子どもと副担当の子どもの援助を担当します。主担当が出勤している日は主担当が子どもの援助を行い、主担当が不在の場合は、副担当が子どもを担当します。

Q2 一人の担当者が見る子ども（複数）は、どのように決めるのですか？

一人の保育者が担当する子ども（複数）は、子どもの生活時間を見て食事時間や睡眠時間が近い子どもで１つのグループを構成します。月齢ではなく、生活時間で構成するのは、子ども一人ずつの生活の流れが近いと食事や睡眠の時間も近く、複数で食事ができるようになるときに、どの子も無理なく援助ができるからです。

Q3 朝や夕方、担当者がいない時間はどうするのですか？

パート保育者さんも含め、シフトを組む際には主担当者や副担当者が分散するよう配慮します。クラス内での保育者の勤務時間を固定することが可能であれば理想的です。

Q4 保育者が担当の子ども（一〜二人）を世話する間、当該保育者の担当する他児はどうしているのですか？

主担当者が他児を援助している間、子どもは遊んでいます。毎日同じリズムで生活することで、子ども自身が生活の流れに慣れ、見通しがもてるようになると、担当者を「待つ」のではなく、その時間に安心して遊んでいられるようになります。そのためには、子どもが十分に遊べる環境が不可欠です。

Q5 担当者もしくは子どもの組み合わせは、年度内に組み替えますか？

基本的に年度内の組み替えはしません。転入・転出など担当児の増減があっても、特定の子どもは一年を通して特定の保育者が担当します。

Q6 新人保育者にも担当をさせますか？

新人であっても特定の保育者として、特定の子どもを担当します。この場合には、クラス内で「新人保育者を育てるシフト」を組み、最初は担当する子どもの人数を抑えたり、できるだけ育成担当保育者と同じ流れで保育を行うようにしたり、できる限りの配慮が必要となります。

Q7 担当者は記録も担当するのですか？

　個別のカリキュラムや記録、毎日の連絡ノートなどは、特定の保育者が担当する子どものものを担います。

Q8 子どもが担当者としか関係を築けないのは、
困るのではありませんか？

　子どもは同じクラスで生活を共にし、遊び場面でも頻繁に関わりをもつ担当者以外の保育者とも関係を結びます。担当の保育者は、こうした通常の関係とは異なる「子どもにとって特定の保育者」となり、情緒的な絆を結ぶ対象です。この絆がアタッチメントであり、他者との関わりを含めた子どもの発達の基盤となるものです。育児担当制では、この特定の保育者との情緒的な絆を揺るがぬものとして構築することを基本とします。

Q9 育児担当制をしていると、
担当以外の子どものことがわからなくなるのではないですか？

　クラス内での日常的な保育者間の情報共有が大切です。自分の担当する子どものことを話すと同時に、他の保育者が担当する子どもの情報を得て、共通理解をもちます。

Q10 子どもの生活の流れを決めてしまうと、
食事など、子どもは順番を待てるのですか？

　毎日の生活の流れがわかるようになると、「ようこちゃんの次は自分」というような、簡単な見通しを子ども自身がもてるようになります。たとえば担当者が他の子どもと食事をしていても、この見通しがあるため、子どもは安心して遊んでいられます。子どもにとってその時間は「待つ」のではなく、安心して遊んでいる時間になるのです。

Q11 3歳未満児の保育では、
臨機応変な対応が求められるのではないでしょうか？

　一人ひとりの子どもに応じた的確で細やかな対応を行うのが育児担当制です。その意味において、育児担当制は「臨機応変」を最適化したものといえます。頻繁に起きる突発的事態に、その場その場で対応していくことも「臨機応変」もしくは「フレキシブルな対応」と表現します。しかしこれは、子どもの立場から見ると「混沌（カオス）」ともなり得ます。「混沌」に子どもの安心は生まれません。

Q12 3歳未満を個別で過ごしていくと、
3歳以上になったとき、子どもが戸惑いませんか？

　2歳児の中盤以降は、一緒に食事をする人数も増え、遊びも平行遊びから連合遊びへと変容し、少しずつ子ども同士が群れて遊ぶようになります。子どもはこうした生活や遊びを通して、発達に応じた人数規模で活動し、経験を重ねていきます。3歳児になってからの活動の人数規模は、こうした子どもの発達のプロセスを踏まえて、3歳未満児から3歳以上児の保育内容の接続が大切です。

第2章

育児担当制における
子どもの基本的
生活習慣の獲得

① 基本的生活習慣を育む 生活援助

育児担当制における、生活援助の基本的な考え方と個別支援の具体的な方法を理解しましょう。

1. 基本的生活習慣獲得のための援助

　食事・排泄・着脱など、生活を送るために必要な行動を、子どもが自分で行えるようになるのは、おおむね3歳程度といわれています。これは、3歳の誕生日を迎えたからできるようになるものではなく、3歳までに子どもが直接的体験を積み重ねるプロセスを歩んだ結果、得られるものです。3歳未満児の保育における保育者の役割は、このプロセスを支えることにあります。

　育児担当制の特徴は、特定の保育者が特定の子どもの生活行為を継続的に援助することです。これはつまり、子どもが基本的生活習慣を獲得するプロセスを細やかに援助するということだといえます。育児担当制では、基本的生活習慣を「毎日の積み重ね」、つまり子どもが反復学習によって獲得するものとして捉えます。基本的生活習慣の獲得プロセスである「毎日の積み重ね」は、いつも同じことを同じように繰り返す、反復学習の積み重ねです。育児担当制では、特定の大人が特定の子どもの援助を担当し、生活の中で意識的に「いつも同じ流れ」のもと、「いつも同じ手法」で行うことを大切にしていきます。

　保育者は、子どもに対して「いつも同じように」援助を行いますが、その繰り返しの中で子どもの変化を把握します。その変化に応じて、つまり子どもの発達に応じて、細やかな対応が行われます。

❶ 子どもが見通しをもてるような「いつもの流れ」をつくる

　子どもは生活習慣を、繰り返しによる反復学習によって獲得します。それを考慮すると、食事、排泄、着脱など、やがて子どもが自分で行うようになる行為は、「いつも同じ手順」で行うことが大切です。いつも同じ手順で行うことで、子どもは「次に何をするか」を予測しやすくなります。子どもの予測は長い時間を想定するものではなく、短時間、つまり場面や行為の流れを捉えます。したがって、子どもが見通しをもちやすくすることとは、場面と場面のつながりや流れを定常化（いつも同じに）する、ということです。毎日の繰り返しによってできる「いつも」の流れがとても大切です。

　生活の流れが「いつも同じ」であるということが、子どもの生活の安定となります。安

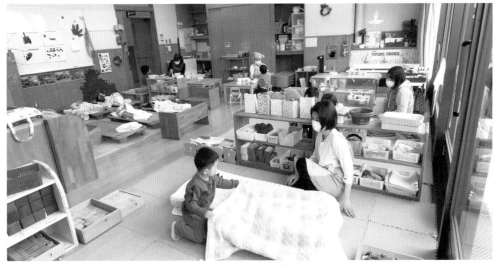
毎日が「いつも同じように」繰り返されることで、子どもの見通しがかない、安心して生活する

定した生活は、子どもが安心して生活できることにつながります。「いつも同じ」保育者が、「いつも同じ」場所で、「いつも同じように」援助することが育児担当制による援助の特徴の一つです。

　生活場面は、援助を行う保育者にとって慌ただしくなりがちです。遊び場面ではゆっくり関わることができるけれど、生活場面はバタバタする、ということもよく聞かれます。手順を守り、同じことを繰り返すことは、保育者にとっても見通しがもちやすく、安定感と余裕が生まれます。それは、子どもが落ち着いて安心できる生活場面の環境づくりに直結します。子どもの生活の定常性は、無意識に生活する中で、自然に完成するものではありません。保育者が意識的に行動し、保育者間での連携・協働があって成立するものなのです。

❷言葉と行為の一致

　育児担当制による生活援助では、原則として、子どもに対する言葉かけと働きかけを一致させる「言葉と行為の一致」があります。保育者の言葉かけは、子どもの意識を行為に向けるとともに、子どもが行為と言葉を結び付けて理解することを助けるものです。また、保育者の援助内容を言語化して子どもに伝えることで、「これから何をするか」、「今、何をしているか」を子どもが理解し、安心して行為に参加することが可能になります。

　そもそも、言葉かけとは、保育者からの一方的な働きかけではありません。そこには、言葉やそれ以外の視線や表情、体の動きなど子どもからの反応が伴うもので、保育者はそうした反応をキャッチし、言葉や表情などで子どもに返していくことから豊かな交流が生まれます。育児担当制による丁寧な援助は、このような関与によって構成されています。

❸子どもが「やろうとすること」と「できること」の見極め

　1歳を過ぎて自我が芽生えはじめると、身近なことがらを「ジブンデ！」とやろうとする意欲も現れます。子どもの意欲を尊重することは、保育の基本ですが、子どもが自分でや

子どもがお茶を飲んでいる間に、お皿の中の物を集めてスプーンですくいやすくしておく

ろうとすることすべてが子ども自身でできるわけではありません。意欲を尊重するという理由で、すべてを子どもに任せてしまうのは性急にすぎます。たとえば、自分で食べたがるからといって、汁物を手づかみで食べようとするのを「見守る」のは援助として不適切と言わざるを得ません。保育者には、子どもの意欲を尊重しつつ、何をどのように援助するかを見極めることが求められます。

❹子どもが「自分でやろう」としやすい環境の構成

　子どもの意欲を尊重するには、環境構成も重要です。たとえば食事なら、一部でも子どもが自分でできるように、エプロンの置き方や手拭きタオルの位置を配慮することで、自分でエプロンやタオルを手に取って広げ、装着しようとしたり、手を拭こうとしたりすることができます。それは、子ども自身でできることを子どもに任せる、そのための「しかけ」ともいえます。子ども自身ができることと、保育者の手助けが必要なこと、環境からの手助けがあればできること、などの点から援助の必要性を検討しましょう。

2. 基本的生活習慣の獲得と遊び

　遊び環境と生活習慣の確立には、強いつながりがあります。子どもが自分から遊びたくなるような環境を、子どもの発達課題を踏まえて適切に整えることが大切です。遊びのための道具（おもちゃ）は、子どもの人数や発達課題を踏まえ、十分な数を用意しましょう。また、遊びの見守りでは、単に子どもが機嫌よく遊んでいることを確認するだけではなく、子どもがどのように、どんな機能を獲得するための動作を体験しているか、視点を置いて観察することが大切です。

❶生活習慣獲得の前提条件

　食事、排泄、着脱などの基本的生活習慣を行う際には、子どもが自分自身で細やかな身体操作を行う必要があります。食事や着脱などは、物の操作を伴う身体操作です。たとえば、食事であれば、いすに座って姿勢を安定させる必要があります。そのためには、まず上半身の姿勢を保つため、体幹の安定が必要です。さらに、スプーンで食べ物をすくって自分の口に運ぶ際には、スプーンを持つ手や腕は、食べ物と口の正確な位置へと動かします。

　着脱でも同様です。たとえば、ズボンを履く際には、上半身を屈めた状態で、片足を上げズボンの穴の正確な位置へ動かし、つま先からズボンを通して足を出し、両手で持ったズボンを足に沿って上げていきながら上半身を垂直に戻します。このように、何気なく行う生活動作一つをとっても、物を正確に扱う操作性と、身体を正確に動かす操作性を駆使しています。つまり、大きな体の動き（粗大運動）と手指操作（微細運動）を獲得していることが、生活習慣の獲得には不可欠なのです。

❷遊びの中での機能獲得

　生活習慣に必要な動作、たとえばスプーンを使う、ズボンを履く、などはとくに「そのための」練習をするものではありません。遊びの中で、しっかり身体そして手指を使うことが、実質的な「練習」になります。しかし、遊びは選ぶのも楽しむのも子ども自身です。遊びは子どもにとって目的そのものです。保育者は、子どもが遊びたくなるような遊び道具を整えます。このとき、単に「子どもが喜ぶから」だけではなく、その遊びを通して、子どもが全身や手指をどのように使い、それが何の「練習」になるのか、それを意識して環境を構成することが大切です。

　したがって、生活習慣の獲得を考えるときに、子どもの遊び、つまりは生活習慣の練習となる経験を考えることが不可欠となります。生活と遊びは、まさに「車軸の両輪」どちらが欠けても成り立たないものといえます。

０歳、１歳それぞれの年齢に応じて手を使って遊ぶ

育児担当制における子どもの基本的生活習慣の獲得

2章

① 授乳

環境づくり

- 保育者が長時間安定して座れるよう、背もたれのある、足が床につく高さのいすに座ります。

- いつも同じ場所に座ります。家庭の食卓でも家族それぞれの場所が決まっているように、園でも同じ場所だと子どもが落ち着きます。

- 子どものエプロン、ミルク、タオルをすぐ手に取れるように用意します。

1 エプロンを付ける

エプロンを子どもに見せて、「エプロンを付けます」と声をかけてから付けます。これから何をするかを子どもが理解しやすいようにします。

エプロン
付けようね

2 口の周りを拭く

口の周りを拭くことで、清潔を保つとともに、唾液の分泌を促します。子どもにとっては「これから食事ですよ」というサインになります。最初に子どもにタオルを見せて、「お口拭くよ」などと声をかけてから行います。

お口を
拭くよ

3 手を拭く

いつも手を握っているので、指の間もしっかりと拭きます。手を拭く際も右手→左手などいつも同じ手順にします。そうすることで子どもは次に何をするかを理解し、徐々に手の力を抜いたり指を広げたりして、自分から協力するようになります。

手をきれいに
しようね

ミルクを飲む

子どもが哺乳瓶を持つ手に大人が手を添え、"一緒に"ミルクを飲みます。足を組み替えたりせず、揺らさないようにしましょう。

おいしいね

 げっぷを促す

飲んだあとは縦抱きにして、背中を軽くたたきます。子どものあごの下にタオルやガーゼを敷いておき、ミルクを吐いても慌てないようにします。

げっぷ
出るかな？

 ごちそうさま

2，3と同じように、口と手を拭き、エプロンを外して「ごちそうさまでした」。

ごちそうさま

授乳のポイント

子どもの口の動きを見る

哺乳中の赤ちゃんの口の中では、舌が乳首を押して圧をかけ、出てきたミルクを吸い込んでいます。子どもの口の動きからは、舌と顎、そして呼吸の協調運動によってミルクを飲む様子が見て取れます。3〜4か月の子どもは量やスピードを自分で調節して飲むようになり、時には大人の顔をじっと見つめて「ちょっと休憩」することもあります。そんなとき、ミルクが口からあふれることもあるので、要注意です。

生活援助の手順を守る

授乳（食事）などの生活場面では、子どもにとっては場面の流れ、保育者にとっては援助の流れの手順は毎回同じように繰り返しましょう。着席して口の周りを拭き、そして手を拭く、というように何気ない行為が毎回同じように繰り返されることで「いつも同じ」という安心感が生まれます。生活場面では、「いつもと違うこと」を生じさせることによって、子どもの不安を招かないよう心がけましょう。

② 食事・離乳食 保育者が抱っこして

● いつも同じ場所に用意します。家庭でも食事のときの「自分の席」が決まっているように、園でも一人ずつ「いつもの場所」を決めましょう。

● 自分でお座りできない子どもは、保育者の膝の上で食べます。保育者が安定した姿勢で座れるようないすを用意しましょう。子どもがテーブルの正面を向くようにポジションを取ります。

● 子どものエプロン、お手拭き、台ふきん、食事、介助用スプーンなど、手の届くところに配置します。

1 準備をして、口の周りと手を拭く

エプロンを見せてから付ける、子どもの正面でお手拭きを見せてから手を拭く、など、まず子どもにものを見せてから行為をします。これから何をするか、子どもが理解しやすいように、まず見せることが大切です。

お手拭き
タオルだ

2 食事をする

保育者も子どもも食べ物のほうに意識を向けます。離乳食を子どもの口に運ぶときは、スプーンは必ず正面から子どもの口に垂直に入れ、子どもが口をすぼめ、上唇で離乳食を取り込める（捕食）ようにします。斜めに入れると、この捕食の動作がやりにくくなります。

スプーンは口に
対して垂直

口を
すぼめる

3 一口が終わったら、次の一口

子どもが口に食べ物を上手に取り込めたか、飲み込んでいるかを確認します。ゴックンしたのを確認したら、間があいてしまわないように、次の一口をリズミカルに運びます。子どもがスプーンに手を添えるなどの姿が見られたら、子どもの意欲を受け止めながら、一緒に動作をします。

あーん

4 子どもの向きに注意

食事の際は、子どもがテーブルの正面に向くように座ります。保育者はテーブルに対してやや斜めの位置に着きます。食事の主体は子どもです。保育者には、主体である子どもの食事を補助することが求められます。子どもの身体とテーブルの高さを調整するために、保育者がクッションを使うこともあります。

抱っこして食べさせる

離乳食のポイント

子どもが自分でできることを見極める

とくに初期の離乳食では、大人はたくさんの援助を行います。とはいえ、離乳食は大人だけの行為ではありません。食事中に上半身を少し傾けてスプーンに口を近づける、上唇をすぼめて食事を口に取り込むなど、子どもが自分で行う行為がたくさんあります。

保育者は、子どもが自分で行うこれらの行為を大切にし、子ども自身でできることと、大人が手助けすることを見極めて、個々に合った適切な援助を進めていきます。

子どもの味覚を育てるには

新生児の味蕾（みらい）の数は、大人の1.3倍あります。子どもの小さな舌に大人と同じかそれ以上の味センサーが存在するため、子どもは大人よりも味に敏感です。したがって、子どもの食事の味付けは薄味で十分なのです。

味とは、「甘味」「塩味」「酸味」「苦味」「うま味」そして、それぞれの微妙な構成によって生まれるものです。そうした味を識別する子どもの豊かな味覚を育てるため、素材の味とそれを損なわない薄味を心がけましょう。

③ 食事・離乳食 1対1で

● エプロン、お手拭き、台ふきん、介助用スプーン、子ども用スプーン、食事、お茶とコップなど、最初にすべてテーブルに用意しておきます。

● エプロンは子どもが手に取って着用しやすいようにたたんで置いておきます。

● いすは、子どもが安定した姿勢で座れるよう、必要であれば背もたれや足置きを用意します。

 ## 準備をする

自分で
エプロン付ける!

　いつもと同じ場所でいすに座り、エプロンを付けます。自分でできる子は任せます。お手伝いが必要な子どもには、エプロンを広げて子どもに見せると、徐々に、頭を下げたり、エプロンをつかんだりして、子ども自身が参加できるようになっていきます。

お手伝い
するね

 ## 口の周りと手を拭く

手を
拭くんだね

　ここでも「いつもと同じ流れ」を守ります。準備も含め、いつも同じ流れを守ることで子どもは安心し、食事をはじめる心の準備を整えます。

3 食事をする

●スプーンで食べさせてもらう
（7・8か月ごろ～）

子どもの正面から垂直にスプーンを運びます。子どもが自分から食べようと近付くのを待ちます。まだスプーンで食べられない段階でも、スプーンを持ちたいという意欲がある子どもには子ども用のスプーンを用意します。

●手づかみで食べる
（11か月ごろ～）

「自分で食べたい！」という旺盛な意欲から、何でも手づかみで食べようとする姿も現れます。手づかみ食べは、手と口の協調や、前歯でかじりとる適切な一口量を学習する大切な行為です。子どもが手でつまむパンやスティック野菜など、持ちやすい形や大きさのものを用意しましょう。白飯やおかずで手づかみに適さないものは、スプーンですくって一口量を示すなど、大人の手助けが必要です。子どもの意欲の尊重と、大人の適切な援助が必要な時期です。

●スプーンで食べる
（1歳6か月ごろ〜）

　大人のお手伝いが多くても、食事をする主体は子どもです。大人は子どものペースで食事を助けます。このころは上からスプーンを握る持ち方をします。下からスプーンを持つようになるには、手首と指、肩とひじの動きを伴う必要があります。

要・注・意！

　「いつもと違うこと」や「いつも違う手順」になっていませんか？　子どもは次に何をするのか見通しをもてなくなってしまい、不安になります。

●コップで飲む

まだ一人で持って飲むのが難しい場合は、必ず手を添えます。子どもが両手でしっかり力を入れて持てるようなコップを選びます。中身の傾きが見える透明なものがよいでしょう。

ゆっくりね

 ごちそうさま

エプロンを外して、口の周りと手を拭きます。自分でできる子については様子を見守ります。できない部分がある子は、必要なところだけ保育者が援助します。

ごちそうさま

1対1での **離乳食のポイント**

保育者が何を手伝うかを見極める

この時期の子どもは、「食べさせてもらう」受け身のように見えますが、食事の際の基本的な姿勢や食べ物を口に迎える（捕食）体の使い方や咀嚼・嚥下などの「食べるための機能」を学んでいます。そのため、大人が「食べさせる」ことで完結するものではありません。大人が大部分を援助していても、子どもが行う行為に注目しましょう。

大人でも何かを食べるときには、無意識のうちに体が少し前方に傾きます。同じように、子どもが自分の体を前に傾けること、上唇を使って食べ物を取り込むことなど、子ども自身ができることを見極め、できないところだけを手助けします。

落ち着いて食事をするために

子どもは大好きな保育者をよく見ています。ですので、保育者の視線の先にも興味をもち、同じものを見ようとします。食事中に保育者があちこちを向いてしまうと、子どもの興味も同様に食事以外のものに向かうことになり、落ち着いて食事ができなくなります。

安全を守るため全体を見ようとすることもあるかもしれませんが、食事や遊びなどが同時に並行する場面では、それぞれを担う保育者同士の連携・役割分担が大切です。

④ 食事・幼児食

● 食器やスプーンなどは、大きさや質感、重さなど、子どもが扱いやすいものを選びます。

● いすに座るとき、子どもの正面がテーブルに向くようにします。足を床につけ、背もたれと背中に距離があるようなら、クッションや足台を入れるなど、工夫します。

● 複数人でテーブルを囲む際は、一人の子どもの動作が他児に干渉されないよう、十分なスペースをとります。

1 席に座って準備をする

手を洗ったら、いすにしっかりと座って、エプロンを付け、次に手を拭いて、という手順をここでも通します。子どもの安心と見通しを支え、子どもが今後も自分で食事をとるときの「行為の流れ」をつくります。

エプロンはジブンで！

2 食事をする

● この時期の食事の援助

自分でできることが多くなる半面、まだ一人ではできないこともあります。とくに、食事の終盤は、子どもの気分にもムラが現れます。無理に集中させるよりも、大人が手伝いながら、気持ちよく食事を終えましょう。

みてみて！あっち！

気が散ることもしばしば

● 援助の必要性の判断

子どもが発信しない場合でも、援助の必要性を判断することが求められます。

援助が必要かどうか見極める

●自分でスプーンを使う

　徐々に手指の巧緻性が発達し、スプーンを上から握る持ち方から、3点支持（鉛筆を持つときのような握り方）に変わり、スプーンを扱えるようになります。スプーンの柄の幅や厚み、ボウル部分の幅と子どもの口の大きさなどを見て、合っているか確認しましょう。スプーン移行後も、食器の中で散らばった食べ物を一か所に集めたり、一口量を伝えたり、適切な援助を行います。

上から持つ握り方（手掌回内握り）

スプーンは、子どもの発達に応じたものを使う

自分でスプーンを扱う

●箸への移行

　スプーンを3点支持でスムーズに使えるようになったら、箸への移行を考えはじめます。箸への移行は急がず、スプーンの3点支持操作を十分に経験してから行いましょう。

 ごちそうさま

　口の周りと手を拭いて「ごちそうさま」。

幼児食のポイント

食事を楽しむ

　この時期は、安心しておいしく食べることが食育の基本です。子どもの心情に沿って、興味を示したものに言葉を添えるなどして、おしゃべりも楽しみます。音楽を流す、にぎやかにおしゃべりするなど、雰囲気を楽しくすることは悪いことではありませんが、まず「食べること」が楽しいことが大切です。たくさん遊んでお腹を空かせ、おいしく食べるという基本を忘れないようにしましょう。

子どもの意欲を大切にする

　子どもが自分でやりたがるからといって、すべてを子どもに任せてしまうのは放任です。意欲はあるものの、まだ行為を獲得するわけではありません。スプーンや食器の操作には、指先の巧緻性や姿勢の安定など身体の発達が関係します。

　子どもにできることは子どもに任せ意欲を尊重しつつ、大人の援助が「どのように」必要かを見極めて援助を行います。

⑤ おむつ交換

環境づくり

● 必要なものはあらかじめすべて準備し、保育者同士で相談して、動作しやすいように配置します。

● ビニール袋など、うんちの処理をしたあとのおむつなど、汚れ物を入れるものも用意する。

● 安全のためにも、おむつ交換台から離れない、目を離さないで済むよう、大人の動線を考慮して環境を整えます。

 ## 声かけをしてから、おむつ交換台に寝かせる

「これからおむつ替えようね」とはっきり言葉で伝え、交換台が見えるように前を向いて連れていき、お尻から降ろして寝かせます。頭が下に傾く状態では、不安定なため、子どもが怖がってしまいます。

おむつ替えようね

 ## ズボン・着衣を脱ぐ

「ズボンを脱ぎます、足を伸ばしてね」と、ここでもしっかり言葉かけをして、いつもと同じ手順で、ズボンを脱がせます。子どもに、今している行為に意識を向けさせます。

ボタンを外すね

 ## おむつを外してお尻を拭く

足を引っ張るのではなく、お尻を持ち上げておむつを外し、お尻を拭きます。男の子は後ろから、女の子は前から拭きます。必要に応じて紙やウエットティッシュで拭き、よく乾かします。

お尻を拭くね

4 新しいおむつを付ける

次の行為を言葉で説明しながら、お尻を上げて新しいおむつを付けます。紙おむつは足回りのギャザーが外側に出るようにします。布おむつの場合はカバーからおむつがはみ出さないようにします。

新しいおむつを付けようね

5 着衣を整える

着衣を整えることを伝えながら、いつも同じやりかた（例えば、ズボンを子どもに見せてから、履き口を広げて、子どもの左足から入れる、最後に上着を整える、など）で整えます。慣れると子どもが自分からお尻を持ち上げてくれるようになります。

保育者の動作と一緒に子どもが体を反らせる

6 体を起こして「完了」の確認

体を起こして、お尻もきれいになって気持ちよくなったことを言葉で表現し、一緒に喜びます。しっかり座れるようになっていれば、子どもが保育者の親指を握って起き上がるようにすると、双方向のやり取りができて子どもも楽しめます。

さっぱりしたね！

おむつ交換のポイント

おむつ交換はスキンシップそのもの

子どもと保育者の肌が直接触れ合うおむつ交換はスキンシップそのものです。一つひとつの行為のたびに、目を合わせて笑い合うこと、最後は子どもの顔を見てお腹をさするなどの「おしまいのサイン」を決めておくなど、触れ合うことが嬉しい場面を意識しましょう。おむつ交換の際に遊ぶ必要はありません。今は何をしている場面なのか、子どもが混乱します。

子どものペースを尊重する

おむつ交換は「手早く」済ませ、できるだけ早く遊ばせてあげたいと思いがちですが、ここでは、子どものペースを尊重し、時間はかかっても、子どもができるところは子どもに委ねましょう。使用済みのおむつの処理や交換台の消毒など、大人が担う作業は合理的に済ませ、子どもの行為の時間を保障するという気持ちと、ペース配分が大切です。

⑥ 排泄の支援

環境づくり

● 子どもの動線を考慮して、着脱から手洗いまでの一連の行動をスムーズに行えるような配置にします。

● 子どもが座って着脱の動作をしやすい高さ、座面の広さの台を用意します。

● トイレは安全で衛生的であることが大切です。装飾は必要ありませんが、家庭のトイレを参考に、落ち着いた雰囲気になるようにしましょう。

1 ズボンとパンツ（おむつ）を脱ぐ

もぞもぞしたり、じっと止まったり、それぞれの子どもの「尿意のサイン」を保育者はキャッチして、トイレに誘います。衣服を脱ぐ、おむつを外すときは、できない部分を援助します。

自分でズボンを下ろす

2 便器に座り、排泄する

「シーしようね」などの排泄を促す言葉かけとともに、出ているときには「出ているね」など、排尿の感覚を言語化して伝えます。終わったら、子どもの目の前でトイレットペーパーを適切な長さに切り、たたんで渡します。女児は前から後ろに向かって拭きます。自分でできるようになっても、最後は保育者が確認します。

出てる

3 水を流す

一連の排泄行動の中で、水を流すためのレバー操作は子ども自身でできることの一つです。子どもが排泄を自分の行動として理解するためにも、できることは子ども自身が行う場面を大切にしましょう。

流すよ

自分で確認する

排泄物を自分で見ることで、子ども自身の排泄の理解につながります。一緒に確認しながら、流します。

行っちゃったね

 ズボンとパンツ（おむつ）を履く

台に座って、パンツやおむつ、ズボンを履きます。必ずいつも同じ手順で行います。ズボンを入れる足の順番も決まっていると子どもが手順を覚え、自分から足を上げるなど、行為に参加できるようになります。

ズボンを上げながら足を伸ばす

 手を洗って、タオルで拭く

指の間もね

慣れるまでは一緒に、石けんをつけてしっかり手を洗います。手のひら、手の甲、指の間の順で洗います。拭くときの手順も手のひら、手の甲、指の間です。

排泄支援のポイント

一人ひとりの排泄リズムを把握し、トイレに誘うことからスタート

大人もそうであるように、子どもにも一人ずつの排泄リズムがあります。それは一人ひとりの体のリズムともいえます。尿意（膀胱におしっこがたまっている）を知覚できるのが1歳前後といわれています。子どもの排尿間隔を把握し、「そろそろだね」という頃合いでトイレに誘いましょう。尿意の知覚や排尿リズムは個人差が大きいため、無理強いをしないためにも、間隔の把握は保育者の重要な役割です。

トイレでは子どもが排泄を感覚的に学習する場

トイレに腰かけた子どもは、排尿する時に体感する放尿感とその際に聞く音、「出たね」という大人の言葉かけや、実際に排泄したものを自分の目で視覚的に確認することで「排泄した」ことを理解します。この理解を助けるために、大人は子どもが腹圧をかける時には目の前でうなずいて見せたり、放尿中に「シャーだね」「出ているね」など、音に子どもの意識を向けるよう言葉をかけたりします。最後は出たものを一緒に確認しましょう。

⑦ 着脱

環境づくり

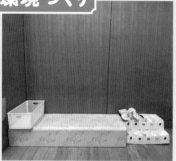

● 着替えはいつも同じ場所で行います。場所が決まっていることで子どもが落ち着いて取り組むことができます。

● "ねんね"から"ハイハイ"のころの子どもは寝られるようにタオルを用意します。立てるようになったら、自分で着替えやすいように、腰かけを用意します。

● 子どもの動線を考えて、靴箱の近くに、靴下を入れる箱、帽子を入れるウォールポケットを配置します。

1 服から腕を抜く

「服を脱ぎます」と声をかけてから、服を脱ぎます。袖から腕を抜く際は、左・右、いつもと同じ方向から抜くように、順番を統一します。

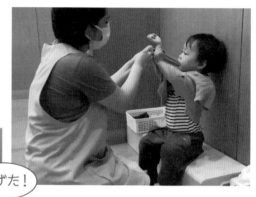

脱げた！

2 服から頭と体を抜く

脱ぐときは、子どもが服を上に引っ張るところなど、自分でできるところは子どもがやるように支援します。

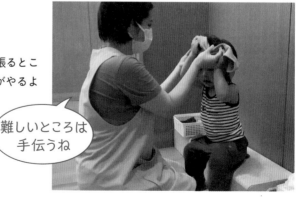

難しいところは
手伝うね

34

3 服をたたむ

はじめは保育者が子どもの目の前でたたみ、モデルを見せます。

目の前で
たたむ

4 ズボンを脱ぐ

立ったまま、ズボンを両手で下げます。膝のあたりまで下ろしたら、台に座るか、保育者の肩に手をかけるようにして、足をズボンから抜きます。

後ろはお手伝い
するね

5 新しい服を着る

一つひとつの動作に言葉を添えて、子どもができるところは見守り、「ジブンデ！」という子どもの自尊心を損なわないよう、さりげなく手伝うか、「ちょっとだけお手伝いしていい？」と聞いてから必要なところだけ援助します。

ここに左手を
入れてね

首がすわる前の着脱

①子どもの意識を着脱に向ける

　行為への参加が難しい月齢でも、行為の主体は子ども自身です。「これからお着替えしようね」など、話しかけて、今から何をするのかを子どもに伝えましょう。子どもに話しかけるときは、お互いの目を合わせてから話しはじめましょう。

お着替え
しようね

②言葉と行為の一致

　おむつ交換や着脱は、ほとんど保育者が行いますが、「子どもが今、何をしているか」、「次に何をするか」を言語化しながら進めます。言葉と行為を一致させることは、子どもが安心するとともに行為を理解することにつながります。

ズボンを
上げようね

 ズボンを履く

　ズボンの前後を子どもと一緒に確かめます。ズボンを履きやすいように裾を短くし、台に座った子どもが足を入れやすいようズボンを置きます。利き足からズボンに入れて、膝まで通ったら反対側の足を入れ、両足とも膝までズボンに通ったら立ち上がり、両手でズボンを引き上げます。お尻のあたりは、手を少し後ろに回して腰まで上げます。下着などをズボンに入れるのが難しいので、手伝います。

ここに右足を
入れるよ

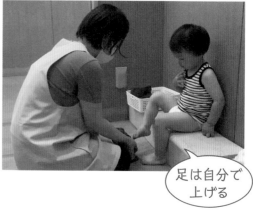

足は自分で
上げる

ズボンを
上げるのは
自分で

これだよ

7 帽子をかぶる

帽子置き場から子どもに帽子をとってもらいます。できることは自分でやってもらいましょう。

頭をちょっと下げる

自分でかぶれない場合でも、自分から頭を下げるなど自分からやろうとする意欲を大切にします。

8 靴下を履く

足を上げる

靴下は、まず子どもの前で見せて「これから靴下を履く」ことを知らせ、子どもの意識を向けます。子どもが靴下に合わせて足を上げたり、つま先を下げたりして、保育者と動きを協調します。自分一人では履けなくても、できるところで「履く」ことに参加しています。

つま先を上げる

着脱のポイント

援助の際には、言葉と行為を一致させる

着脱は、子どもが体をどう動かし、衣服をどう操作するのかを学習できるように援助することが大切です。そのためには、「右の腕を曲げてね」「右の穴に○ちゃんの右足を入れてね」など、動作を言語化し伝える必要があります。同様に、大人の援助も言葉にして伝えます。保育者の言葉と行為の一致は、着脱の方法を学習することを助けます。

子どもができるところ、大人が手伝うところを見極める

一人ひとり、「できること」「できないこと」は違います。特定の保育者が特定の子どもの状態を把握し、「できないこと」がやがて「できること」になるよう、手助けすることが担当制の大きな意義です。子どもの状態を考慮に入れず、大人が一方的に行う「お世話」になっていないか、今一度振り返ってみましょう。

⑧ 清潔

環境づくり

- 自分の行為を一つずつ子どもが確認しながら行えるように、手洗いやティッシュの前に鏡を設置します。タオルやゴミ箱など、関連する動作に必要なものもわかりやすく、近くに配置します。

- 洗面台の前には子どもの身長に合わせた台を置くなど、子どもが意欲をもって行えるような環境を整えます。

● 鼻をかむ

1 鼻水が出ていることを伝える

子どもと一緒に鏡を見て、子ども自身が汚れていることを確認できるようにします。

> ハナが出てるね

2 ティッシュを取ってもらう

まだ自分で鼻をかめなくても、「ティッシュを取る」など、できることがあるので、手の届く位置にティッシュを置いておきましょう。

> 自分で取る!

3 鼻をかむ

鼻をかむ時、「鼻から息を強く吹き出す」行為は子どもにとって難しいため、はじめは「口を閉じること」や「鼻から息を吹き出すこと」からはじめていきましょう。きれいになったら鏡で確認します。

> お口は閉じてね

ゴミを捨てる

　ティッシュや鏡の近くにゴミ箱を配置してあれば、一連の関連する動作を無理なく覚えていきます。

自分で
捨てる！

● 手を洗う

見本を見せながら

　手洗いのモデルは、子どもから見えやすい位置で、ゆっくりと動作を見せながら言葉を添えて「見せる説明」を行います。

指は
広げてね

清潔のポイント

一つずつ子どもが理解するために行為を区切って援助する

　日常の生活行為は、鼻をかむ、手を洗うなどと言い表すように一括りにして捉えがちです。実際は、鼻をかむこと一つをとっても、ティッシュを取る、鼻に当てる、鼻から息を吹き出す、鼻水を拭く、きれいに仕上げる、など小さな行為を順序立てて行う必要があります。そうした小さな行為を子どもが理解できるよう、鏡を使って確認したり、行為ごとに大人が言葉をかけたりして、子どもの理解を援助することが大切です。

手洗いはお手拭きの頃からはじまっている

　手のひら、手の甲、指の間、など手を洗う手順は、0歳児のお手拭きからはじまっています。お手拭きの手順は、手洗いの手順とほぼ同じです。この頃から、保育者は言葉と行為を一致させ、子どもに行為を見せながら、一緒に子どもの手を拭いていくことで、子どもの意識が行為に向けられ、手順を意識します。保育者はそのプロセスを意識し、行為を子どもに渡していきましょう。

子どもに「見せる」援助を心がける

　清潔を保つための行動は、生活習慣を獲得した子どもが大人になっても日常的に行うものです。手洗いや鼻かみ、夏には汗を拭くなどの大人の行動は、子どもにとってモデルそのものです。子どもは視覚的に「見て理解する」ことが得意なので、子どもの前では意識的にゆっくりした動作に言葉で解説しながら、行為のモデルを示します。また、子どもが次に何をするかがわかるように、目の前にお手拭きを示すなども「見せる」援助として有効です。

手洗いと発達

　手洗いは、指先の巧緻性とともに、別の動きをする右手と左手が両手の協調した動きによって成立します。また、手のひら、手の甲、指の間、手首など自分の体の細部を意識することで、自分の体と部位を認知し、より具体的な身体像の獲得につながります。衛生習慣に必要な行為の一つが「できるようになる」ことも、子どもの発達に支えられているのです。

② 愛着の形成や日常的な関わり

個別支援を特定の保育者が行うことを前提に、子どもがその保育者としっかり愛着を形成するための関わりや言葉かけ、子ども同士の仲立ち、絵本の活用方法について解説します。

1. 愛着の形成

　子どもが特定の大人との間に結ぶ情緒的な絆を愛着と呼びます。愛着は気軽に誰とでも結ばれるものではなく、不安や恐れなど何らかの危機を察したときに、身体的にも心理的にも誰か特定の人に子どもがくっつこうとする行動の傾向であるとされます。不安や恐れなどのネガティブな感情にあるとき、そして「特定の」大人に、という二つの条件が重要であると遠藤（2018）は述べています。愛着は、「一人の感情の崩れを二人の関係を通して調整するもの」とも言われています。特定の保育者が特定の子どもに関わることは、子どもの安心に欠かせない「特別な人」になるということです。育児担当制の基本である「特定の保育者が特定の子どもを援助する」ということは、子どもにとって「いつも同じ」で「いつも一緒」を保障することであり、子どもの安心をより強くするものです。

　子どもが感じた不安や恐れは、特定の人の受け止めによって、安心感に変わります。この「守られる確信」は、子どもが「一人でいられる力」「一人でやろうとする力」となります。子どもが自分自身で環境に働きかける主体的活動である探索活動は、愛着対象が近くにいることで活発になり、愛着対象が離れてしまうと探索活動は減少します。つまり、子ども自身の主体的な行動である探索行動と愛着を求める関係は逆の関係にあるといえます。

　この時期の子どもが意欲的かつ主体的に遊ぶためには、愛着の形成は不可欠です。それは、複数担任であれば誰でもいいというものではなく、特定の保育者つまり固有名詞をもつ唯一無二の人との間に結ばれるものです。子どものそばに愛着対象となる特定の保育者が近くにいること、子どもの視界の中に存在していることが大切です。

　ともすれば、子どもの愛着行動を「甘え」や大人による「抱え込み」として、それが自立を遅れさせるなどの言説があります。しかし実際は全く逆のもので、しっかりと愛着を形成することが、子どもの主体的活動の基盤となります。子どもが特定の大人を求める姿を否定的に捉えるということは、すなわち子どもに「特定の大人だけを求めず、どの保育者であっても機嫌よく対応する」ことを求めるものです。誰が対応してもスムーズに保育が進むことを是とするものであり、大人の都合に子どもを適応させる捉え方といえるでしょう。

特定の保育者が特定の子どもを援助することは育児担当制の基本です。食事、排泄、着脱などの生活援助は毎日頻回に行われるもので、この援助を通して保育者と子どもが確実にやり取りを重ね、二者間の関係性を深めていきます。

❶ 愛着が育てるもの

　愛着を形成するプロセスの中で、子どもは特定の大人との間でやり取りを重ねます。そうしたやり取りを重ねて形成された愛着は、単に一場面で子どもを安心させるだけのものではありません。愛着は、子どもの気持ちのコントロールに不可欠な神経の構造を形成します。自分の気持ちをコントロールできることは、他者と共に生きていくために、不可欠なスキルの一つです。安定した愛着関係の中で、大人と子どもが心を通わせ、やり取りを重ねることで、子どもは心を理解することを学び、他者の気持ちに寄り添う「共感性」の基礎を育みます。愛着は、子どもが豊かに生きていくために必要な力の基礎を育むものなのです。

　だからこそ、特定の保育者が子どもの不安を受け止めることが何より大切です。関係とは、どちらか一方の働きかけによって形成されるものではありません。子どもと保育者が結ぶ関係は、保育者からの愛情はもちろんですが、子どもからの信頼、愛情が向けられることが不可欠です。双方からの信頼によって築かれるものが両者を結ぶ関係です。

　特定の保育者との情緒的な絆がしっかり結ばれていることで、子どもの情緒は安定します。子どもが遊びに没頭する基盤は、安心です。特定の大人との絆は、子どもの主体的な行動の「見えない基盤」となるものです。

❷ ネガティブからポジティブへ、心情の転換

　はじめて出会う場所、はじめて出会う人（保育者）に、子どもが心配や不安、心細さなどネガティブな心情を抱くのは自然なことです。特定の保育者が、子どもの不安を受け止め、

子ども自身が落ち着くことで安心感を抱くことができます。特定の保育者の存在が、子どものネガティブな心情を、安心や信頼などのポジティブな心情へと転換するのです。クラス担任なら、誰でもいいというものではありません。ここでいう特定の保育者とは、固有名詞をもつ唯一無二の人です。不安を抱く子どもにとって、心の安全基地ができることが、基本的な情緒の安定につながります。それは、3歳未満児の保育の絶対条件ともいえます。子どもの情緒の安定には、特定の保育者の存在が不可欠です。

2. 応答的対応

　3歳未満児の保育では、保育者による応答的対応が求められます。国語辞典によると、「応答」とは、「質問（呼びかけ）に対して答えること」、「入力に対して出力すること」と、示されています。この文脈からは、まず発信があり、それに応えることが「応答」となり、発信がなければ応答は成立しない、とも言い得ます。3歳未満児、とくに低年齢児は言葉を使って自分の心情や要求を発信しません。また、子どもからの発信は、特定の誰かに対してダイレクトに送られることばかりではありません。しかし、低年齢児であっても、子どもは行動や表情、しぐさや声のトーン、視線などで雄弁に語ります。そうした子どもの発信をキャッチし、応えていくことが大切です。

　応答的対応の基本となるものは、「SOUL」です（竹田・里見, 1994）。これは、子どもの言葉の育ちを支えるインリアルアプローチに紹介されている「子どもに向き合う大人の基本的態度」です。Silence、Observation、Understanding、Listening、それぞれの単語の頭文字を並べたものが「SOUL」として示されました。

　Silence は子どもの主体的な行動を静かに見守ること、Observation は子どもが何を意識し、行動しているのかを注意深く観察することです。Understanding は、先の Silence

（静かに見守る）と Observation（観察）を踏まえ、子どもを深く理解すること、そして Listening（耳を傾ける）は言葉やそれ以外のサインに耳を傾けることです。

　育児担当制では、特定の保育者が特定の子どもに日常的に関わることによって、観察と理解を深めます。そうした理解に基づいて、子どもの主体性を尊重しつつ行動を見守り、必要と判断した場面で子どもの発達や状態に応じた適切な援助を行います。日常的な関与を通した子どもの観察と理解によって、子どもの言葉やそれ以外のサインがより読み取りやすくなるといえるでしょう。

3.0歳児への関わり

❶ 0歳児への関わりの基本

　特定の保育者との関係が結ばれ、子どもの情緒が安定することによって、周囲への興味・関心が生まれます。その興味が意欲となって、子どもは主体的に環境に関わりはじめます。情緒の安定、すなわち愛着は子どもの発達の根源といえます。応答的関わりは、特定の保育者との情緒的絆を基盤として、子どもの興味・関心を把握し、その行動を支え、子どもの心身の発達を促すために保育者が行う基本的対応です。「健やかに伸び伸びと育つ」、「身近な人と気持ちが通じ合う」、「身近なものと関わり感性が育つ」、この三つの視点として示された子どもの育ちの基盤であるといえます。

　子どもとの関係を築くうえで大切なことは、「応答的対応」です。子どもの状態や心情を理解するより先に大人が一方的に働きかけるのは、大人の自己満足になりかねません。子どもからの発信を受け止めることに意識を向けましょう。0歳児期の子どもは言葉を使用しなくても、「大好きな人」に向け、声の大きさや調子、動作や表情で子ども自身の心情や要求を様々に発信します。また、人に対する発信とはいえなくても、子どもは言葉以外の方法でも心情を表現します。その発信を受け止めることが、さらに子どもを安心させるのです。

❷ 言葉による働きかけ

　0歳児だからこそ、日常生活の中でたくさん言葉をかけたい、そんな保育者の心がけによる言葉かけはとても大切です。しかし、そうした言葉かけは、ともすれば大人から子どもへの一方的な関与になりがちです。言葉を育てるためには、何よりもまず特定の保育者との確固たる関係を築いていることが前提条件となります。子どもの安全基地である特定の保育者とのゆったりとした心地よいやり取りを、十分に経験することが大切です。やり取りの中で保育者が発する言葉が子どもに届くための条件は、子どもの安心、情緒の安定です。

　1歳前後に初めての言葉（初語）が出るまでの時期が、前言語期です。特定の保育者と、言葉を使わないたくさんのやり取りを経験し、物事と結び付けて理解した言葉をため込む時期でもあります。前言語期のコミュニケーションは、子どもの視線や小さなサインから興味・関心や心情を読み取り、それに寄り添うこと、つまり保育者側の敏感性と、子どもの発信に適切に応える「応答性」が大切です。

保育者は子どもの興味・関心を読み取り、子どもが注意を向けているものについて、言葉を添えていきます。大人が一方的に言葉を浴びせるより、子どもの興味・関心に寄り添い、言葉を添えることで「もの」や「行為」を「言葉」と一致させることが大切です。

　指さしなど「大人と一緒に対象となるものに注意を向ける」ことを共同注意と呼びます。これは、言葉の発現や語彙に結び付く大切な行動です。子どもの指さしに応えることは、子どもがその指さすものを大人の言葉とともに共有することです。それは言葉の獲得と強くつながるもので、子どもの獲得する語彙数にも影響します。保育者が子どもの目の前で行う動作には、言葉を添えていきましょう。特定の音の組み合わせである言葉が、目の前の現象と結び付くことが、言葉の理解となり子どもの語彙となります。

❸生活場面での関わり

　0歳児の食事、排泄、着脱などの生活行動は、子ども自身がすべてを行えるわけではないため、保育者の援助が大部分を占めるものとなります。ここでの援助とは保育者が「すべてをしてあげること」ではありません。足を上げる、頭を傾けるなど小さな動作であっても、子どもが自分でできることを尊重し、子どもができないところを見極めて手助けすることが保育者の役割です。些細に見えることでも、子どもが意識を向けて動いていることをしっかり捉えましょう。

　「早く快適にしてあげたい」と願う保育者の愛情は尊いものです。しかし、何でもすべて保育者がテキパキお世話してしまうと、子どもが自分のペースで行動する必要がなくなってしまいます。食事や着脱・排泄など、その行為のほとんどに保育者の手助けがあったとしても、行為の主体は子どもです。子どもが受け身にならないよう、保育者は一連の行為の中で子どもが参加している部分をしっかり把握しましょう。子どもが意識を向けている物事に対して保育者が共に意識を向け、子どもからの働きかけを尊重し、言葉と行為を一致させながら手を貸すことが大切です。それは、子どもが行為を獲得するプロセスを支えます。

　大人と違って子どもの行為はテキパキ進むものではありません。食事や着脱で、子どもが一つひとつの行為を意識して進めると、時間がかかってしまうのは当然です。これは無駄な時間ではなく、援助に必要な時間なのです。子どもにとって必要な時間をきちんと保障し、「さっさと〜する」より「しっかりと〜する」ことを重視するのが、育児担当制です。

4. 1・2歳児への関わり

❶ 1・2歳児への関わりの基本

　子どもは特定の保育者との愛着を基盤とした安心のもと、様々なものに働きかけ、活動やその範囲を広げます。この年齢でも、特定の保育者との1対1の関係が基本です。子どもにとって特定の保育者は「安全基地」となります。基地への信頼があるからこそ、活発な「冒険」が可能になるのです。この時期の探索活動は、子どもの直接的経験そのものであり、発達に不可欠な経験です。この時期においても、子どもの心情を理解し、発信をしっ

かり受け止めて応えていく応答的対応が求められます。

　1歳前後は、様々なことに対して「自分でやりたい！」という意欲が溢れはじめる時期です。できないことに対してかんしゃくを起こしたりすることもあります。子どもができないことや援助が必要なことを見極めることが大切です。

　2歳前後では、「安全基地」への信頼を基盤に、大人から離れて遊べるようになるといわれます。子どもの遊びをしっかり見守りましょう。離れて遊べるようになったからといって、誰でもOKというわけではありません。子どもの心の安全基地とは、子どもが不安を抱いたときに、「帰れるところ」です。

　まねっこなど周囲の子どもとの関わりも楽しくなりますが、この年齢の子どもの思考は自分を中心としたものです。それぞれの子どもが自己を発揮して遊ぶためには、大人の見守りと仲立ちが重要になります。自我の拡大期で自分の要求を強く表す反面、まだまだ、もっともっと甘えたい、そんな両面をもつ時期です。子どもとしっかり向き合い、根気強く関わることが求められます。

❷ 言葉による働きかけ

　初語から一語文へ、そして二語文、さらに三語文、と子どもが獲得した言葉を使いはじめる時期です。一語文を話すようになってから二語文を使うようになるまでには、少し期間を置きます。この時期に、子どもは語彙数を増やすと同時に、言葉と言葉を組み合わせることも学んでいます。子どもが言葉を使えるようになったからといって、自分の心情をすべて的確に言語化できるわけではありません。大人は子どもをよく観察し、その心情を理解して子どもに確認しながら言語化していきましょう。

そうそう
スコップはまっすぐ持って、
ゆっくりバケツの上まで
もっていくのね

●言葉を聴き取りやすい音環境

　言葉を吸収するためには、まず言葉を聴く必要があります。言葉は音、もう少し詳しくいうと音の組み合わせです。保育者の言葉による働きかけは、子どもが音の組み合わせである言葉を「聴き取る」ことが必要です。騒がしい場所では、聴きたい音を選んで聴くことは困難なので、子どもが保育者からの言葉かけを聴き取りやすい環境を整えることが大切です。志村（2003）の研究によると、1歳児の保育室内における日中の音圧レベルが地下鉄車内と同レベルであることが明らかにされました。この結果から、保育室が「騒音環境」にあることが示されました。志村は、聴力が育つ時期の子どもに大音量を長時間聴かせることによる聴力の損失についての危惧を示しました。子どもへの言葉かけを検討する前に、子どもが言葉を聴き取ることができる音環境について、考える必要があります。

　子どもが言葉を聴き取りやすい音環境とは、何の音もしない無音環境ではありません。子どもが遊び、生活する場では、そうした活動に音が伴うことは当然です。だからといって、いつも騒々しく、子どもの声が聞き取れないような音環境では、おのずと子どもも保育者も大きな声を出さざるを得ず、さらに騒々しくなるという悪循環が生じてしまいます。

　音環境は、建物や保育室の構造に大きく影響されます。床や壁、天井の材質等は、既に存在するもので、保育者の手で変更することはできません。しかし、保育室内の使い方やコーナーの配置、吸音性のある柔らかい素材の家具（カーペットやクッション）を配置するなどの工夫によって、多少は緩和することが可能です。また、3歳未満児は、音を出すことを遊びとして楽しむため、「音の出るおもちゃ」も必要です。常時子どもが使える「音の出るおもちゃ」は、柔らかく耳あたりのよい音のものにし、大きな音で騒々しくなるものは、使う場所や時間を決めておくことも一案です。

　嶋田（2017）は、「とてもよい」音環境として次のような事柄を想定しています。「音声」つまり声の使い方では、「ささやきなどの多様な声が適切に使われる」、「一般的な会話の声量で対面会話が可能」、「集合場面で一人の発声が聞き取れる」ことをあげます。次に「音源装置」、つまり音の出る機器では、「CD等の音量が一人の発声より小さい」、「マイクやスピーカーを終日使わない」ことがあげられました。

　保育室は、子どもの「暮らし」の空間です。子どもとのひそひそ話や、微笑みと共に出る「う

ふ」という小さな笑い声が聞き取れる環境なら、風の通る音や窓の外の小鳥のさえずり
も耳に届きそうです。子どもがより安心し、落ち着いて過ごすために、音環境の考慮は欠
かせません。音環境は、子どもの育ちを支えるものといえます。そもそも、「音」は物理的
要素の一つですので、保育における物的環境には「音」も含まれると捉えることが大切です。

●言葉と行為の一致

　育児担当制では、この時期の子どもへの言葉による働きかけは、1対1で行うことを基
本とします。また、子どもの生活援助では「言葉と行為の一致」を心がけ、子どもの行為
や保育者の援助を言語化して子どもに伝えていきます。そうした1対1での関わりでは、
大声を必要としません。むしろ、子どもに届き、聴き取りやすい大きさの声で話すことが基
本です。

●子どもの興味に沿う言葉

　子どもが興味・関心をもっていること、行っている行動を言葉にすることで、届いた言葉
を子どもが理解しやすくなります。大人が先走って結果を示したり、遊びを展開させようと
したりすると、逆効果となり言葉も届かなくなります。言葉は、まず一人に対して発するこ
とで子どもの元に届くものです。一人ひとりの子どもに丁寧に語りかけましょう。

●語りかけの豊かさ

　語りかけの豊かさは、語彙数で測るものではありません。たとえば「りんごの絵」という
一つの事象について、「赤くて丸いりんごがあるね。つやつやでおいしそうだね」など、た
くさんの言葉で表現する豊かさです。また、語りかけの豊かさには、保育者の語彙や表現
力の豊かさが求められます。その語りかけは、子どもの興味・関心に沿って行われること

が大前提です。つまり、子どもの興味を察知する敏感性も大前提となります。語彙が増え、おしゃべりが楽しくなる時期ですが、視線やジェスチャーなど言葉以外の方法でもコミュニケーションは可能です。子どもからの言葉以外の働きかけを受け止め、応えていきましょう。

●具体的な動作を伴う言葉を使う

　3歳児以上の子どもと3歳未満児の子どもに対する関わりでは、子ども自身の発達に違いがあるため、関わり方が異なるのは当然のことです。3歳未満児の子どもに対しては、理解しやすいよう、保育者は手さし指さしなどの動作を伴うなど、子どもがそれを見ることで視覚的にも理解できるような働きかけが大切です。子どもにより理解しやすいような「説明付き」の言葉かけを心がけましょう。

　「トイレに行こうか?」「お片付けしようか?」など、疑問形で誘いかける形の言葉かけは、子どもの意思を尊重しているように聞こえます。でも、そこに子どもの選択権はあるでしょうか。次に行う行動を子どもに知らせる場合は、子どもがそれをはっきりわかるように「(次は)ご飯の時間だよ」「(次は)お着替えするよ」など、肯定形で伝えましょう。保育者が「もう遊ばないよ」「走らないで」などの否定形で伝えると、子どもは「〜しない」ことは理解できますが、具体的に何をするのかが理解できません。行為は、その主体者である子どもが「何をするか」を理解していることが不可欠です。

　褒めるときは、「すごいすごい!」「上手だね」など、抽象的な言葉で褒めるよりも、子どもにわかるように具体的なプロセスを褒めることが大切です。「一つずつ丁寧に並べたから、こんなに長くなったね」と、具体的なプロセスをしっかり認めましょう。子どもの発達を意識するなら、「赤い車がたくさんあるね」「緑の車は少しなのね」、色や量の比較を意識した言葉も使ってみましょう。

●3つのT

　乳幼児の発達にとって、豊かな言語環境をつくるためのプログラムに「3つのT」があります。日常生活の中で、言語環境の質を高め、子どもの育ちをより確かに支えるものといえます。次のページに紹介します。

3つのT

Tune In （チューン・イン）	子どもが集中している対象に保育者が気付き、その対象について子どもと一緒に話すという意図的な行動です。まず、子どもが集中している行動を尊重し、保育者はそれに寄り添うことが大切です。
Talk More （トーク・モア）	子どもが今、集中している物事に関して、保育者が話す言葉を増やすことです。子どもが見ている保育者の行動を言葉にして解説したり、子どもの行動を言葉にして解説したりすることをさします。
Take Turns （テイク・ターンズ）	子どもを対話のやりとりの中にいざなう方法です。ここで大切なことは、子どもからの反応を「待つ」保育者の姿勢です。この対話とは、大人の一方的なリードによるものではなく、子どもとの対等なやり取りです。

❸生活場面での関わり

　自分の身の回りのことに興味を向け、「自分でやりたい！」という意欲をもって、食事や着脱などに挑戦しようとする時期です。育児担当制では、特定の保育者が継続的に特定の子どもに関わりを通した観察から、毎日の子どもの姿の中での小さな変化を察知しやすくなります。今、子どもができること、がんばってみたらできそうなこと、少しドキドキで「やってみようかな？」と思えるところ。目の前の子どもの心情を汲みながら、手を貸していくことが大切です。

●生活行為の中での応答性

　新しくできるようになったことを認め、一緒に喜ぶことも大切です。同様に普通にできていることもしっかり認めていきましょう。「みて！　みて！」と子どもがアピールするときや、子どもが「できた」瞬間を確認するように大人の顔を見るときには、「そうだね」「できたね！」と、しっかり認めていきましょう。子どもが承認や確認を求めて保育者の顔を見るときに、きちんと応えること、それが「応答」です。子どもはそれによって安心し、自分の中で達成感や自己肯定感を育みます。

●子どもの意欲の尊重と細やかな見極め

　子どもだけでは難しいところは、その動作を子どもと一緒に行います。保育者は、動作をゆっくり子どもに見せると同時に、言葉でも説明し、子どもが動作を意識して獲得していくことを助けます。一部分でも、子どもが自分でできるところは子ども自身に任せ、保育者はそれを見守ります。たとえば、帽子を広げて頭に載せたり、首を傾げたりするなど、できていることを「そうそう」としっかり認めます。

　何でも自分でやりたがるからといって、すべてを子どもに渡してしまうには無理がある時期でもあります。たとえば食事場面で、スプーンを使わずに手づかみで汁物を食べようと

するなど、子ども自身が自分でできないことを手助けするのが保育者の役割です。保育者の手助けは、子どもの意欲と対立するものではありません。

5. 子ども同士のやり取りの仲立ち

❶ 0歳児

　0歳児は、一人遊びをたっぷり楽しむ時期です。子どもの一人遊びを保障し、充実させることが大切です。情緒が安定していると、子どもの興味・関心は周囲に向かいます。子どもが自分から玩具を見つけ、それに働きかけることから一人遊びがはじまります。子どもが十分に一人遊びを楽しめるような環境をつくりましょう。特定の大人との情緒的絆の形成は、人に対する信頼感の基盤となり、このあとに他者との関係を築いていく力を支えるものとなります。育児担当制では、特定の保育者との情緒的絆の形成を重視します。それは、子どもの育ちを支える基盤となるものだからです。

　子ども同士の関わりは発達のプロセスをたどりながら、一人遊びから平行遊び、そして友だちの存在に目を向けはじめ、連合遊びへ、というように変わっていきます。保育者は見通しをもって、現在の子どもの経験をより豊かなものにしていきましょう。

　この年齢では、子ども同士が交流して遊びを成立させることは困難です。「一緒に遊ぶ」「仲良く遊ぶ」ことを活動のねらいとすることは、むしろ無理強いになることを理解しておきましょう。別々に遊んでいる子ども同士、たまたま目が合って「にこっ」と笑い合ったり、ひょっこり顔をのぞかせて「ばぁ」としたりなど、ハプニングで嬉しい交流が起こることもあります。保育者は子どもの嬉しい心情を共感しましょう。

❷ 1歳児

　1歳児では、平行遊びの状態で遊ぶことが多いので、それが可能になるように、同じおもちゃを複数用意する必要があります。平行遊びとは、複数の子どもが、それぞれ同じようなおもちゃで遊ぶけれど、子ども同士に交流はなくそれぞれが一人で遊んでいる状態です。近くで同じ遊びをしているからといって、保育者が強引に子どもの興味を他児に向けるようなことは控えましょう。1歳児では、特定の保育者との情緒的絆のもと、子どもは安心できる環境のなかで遊びを楽しみます。この時期を十分に経験してから、まねっこなど他児との交流が生まれ、「他者との関わり」が芽生えはじめます。それが自立心や協働性が育つ基盤となります。周囲に関心が広がりだす1歳児ですが、自分の安心基地である保育者のこともよく見ています。子どもからのサインを見逃さないよう、一人ひとりをしっかり見守りましょう。

　他児に目が向くようになると、子ども同士でちょっとしたしぐさや行動をまねして喜ぶ姿も現れます。まねっこは二人からはじまります。保育者は、そこに他児を引き入れたりせず、まず二人の共感を大切にしましょう。

❸ 2歳児

　自我の拡大期にある2歳児では、子ども同士のトラブルも起こりやすくなります。主張する経験、主張が通らない経験、どちらも大切です。保育者は子どもの気持ちを受け止め、その心情に共感し、子どもの気持ちを相手に伝える役割を担います。それが「仲立ち」です。保育者は、子どもに仲直りをさせるため、形式的に「ごめんね」を言わせることを求めるべきではありません。「悔しい！」「これが欲しいのに！」という子どもの気持ちに寄り添い、子どもが自分で気持ちをコントロールする経験を支えます。2歳児には思い通りにいかないことが多々起こります。そのたびに保育者は子どもの気持ちを受け止めて、子どもが自分

の気持ちに直面することや、それを立て直すことを支えます。

　この年齢の子どもがどんどん一人で「冒険」できるようになるのは、特定の保育者に対する信頼があるからこそなのです。

　2歳児後半の遊びは、他児と一緒に遊んでいるように見えても、自分が楽しむことが中心となる遊びです（連合遊び）。その遊び方が、幼児期の協同遊びの橋渡しとなります。幼児期の協同性を育てるうえで、必ず通るプロセスです。この時期の連合遊びを豊かに経験できるよう、環境を整えましょう。

❹子ども同士のトラブル

　1歳半前後から、子ども同士のトラブルが起きるようになります。このトラブルをスムーズに解決する「魔法の言葉」は、ありません。場面ごとに、子どもの心情を受け入れつつ根気強く付き合うことが大切です。

　保育者は、子どもの怒りや悔しさ、悲しさなどの心情をまず受け止めて、押す、たたく、噛みつくなど、「してはいけないこと」は「してはいけない」と伝えます。相手の表情を見せることも、子どもが視覚的に相手の心情に気付くことを助けます。子どもは自分が直面する場面で、「してはいけないこと」を理解することができます。年齢が低い場合、その理解は自分が直面する場面に限定され、別の場面で同様のことが起きた場合に、同じように理解することは困難です。しかし、同じようなトラブルが繰り返されるたびに「してはいけないこと」を根気強く伝えることで、その理解が定着していきます。

　保育者は同じようなトラブルが起きるたびに、同じことを伝えることになります。このとき、「してはいけない」ことを曖昧にしたまま対応してしまうと、子どもは混乱します。したがって、保育者の「していいこと」「してはいけないこと」の対応は一貫している必要があります。これは、保育者間でも統一することが大切です。

　子どもに「してはいけないこと」を伝える際には、言葉の内容と保育者の表情が一致するようにします。保育者が笑顔で「してはいけないんだよ」と伝えた場合、子どもは保育者の表情から意図を理解します。この場合、笑顔は子どもの行動を肯定するサインになりかねません。子どもに「してはいけないこと」を伝える際には、激怒の表情や大声で伝える必要はありませんが、冷静に、真剣な表情で伝えることが有効です。

6. 絵本の活用

❶0歳児

　3歳未満児の絵本は、複数の子どもに対する一斉の読み聞かせではありません。子どもが保育者との1対1のひとときを楽しむものと捉えましょう。ページをめくること、指さししてそれに応えてもらうこと、保育者の膝のぬくもりなどは、この年齢ならではの絵本の楽しみ方です。子どものお気に入りの絵本は、単なる1冊の絵本ではなく、子どもが大好きな保育者とのやりとりを楽しむためのツールなのです。

●1対1で「一緒に」読む

　子どもは人とのやり取りを通して言葉を獲得していきます。単に絵本を読むから言葉を覚える、というものではありません。やり取りが楽しいからこそ、言葉を獲得し、それを使うようになります。絵本を開いて、子どもの視線が捉えるもの、子どもが指さすものを一緒に確認していきましょう。決して先取りはせずに、子どもの視線や表情の動きから、その興味・関心が向かっている先を意識します。

　子どものお気に入りの絵本は、表紙が見えるようラックなどに置きましょう。この年齢では本棚に並べるよりも、表紙の「絵」で本を識別できるように、見せ方を工夫しましょう。

●子どもにとってわかりやすい絵本

　指さしが楽しい頃の子どもにとって、見開きページにたくさんの情報が入っているよりも、すぐにわかる大きさでシンプルに示されているものの方が、理解しやすく楽しむことができます。絵がイラスト調にデフォルメされているような絵本がたくさんあります。こうしたものは、大人の目には「かわいい」と映っても、子どもにとっては、わかりにくいものです。保育者の絵本を選ぶ目を養いましょう。

0歳児　おすすめ絵本

どうぶつのおやこ
福音館書店／薮内　正幸　画

くだもの
福音館書店／平山　和子　作

しゅっぱつしんこう！
福音館書店／山本　忠敬　作

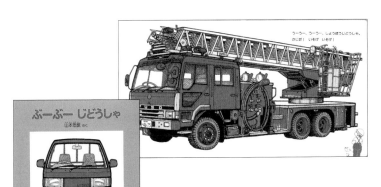

ぶーぶーじどうしゃ
福音館書店／山本　忠敬　作

❷ 1歳児

　絵本は1対1で読むのが基本です。どの子にも1対1のひとときを保障しましょう。保育者は子どもの興味を読み取り、それに沿った言葉を返すなど、子どもが絵本を介してたくさんのやり取りを経験することが大切です。絵本に興味が向きはじめるこの頃は、指さしや片言や動作や表情で、子どもが絵本の場面に参加してきます。ストーリーを楽しみはじめる最初の姿です。リズミカルな言葉を繰り返すなど、「言葉の楽しさ」にも気付き、楽しみます。保育室には、子どもが自分の好きな本を選べるように、子どもの人数に応じた十分な数の絵本を用意します。

●簡単な繰り返しのあるストーリー

　この時期は、「簡単な繰り返し」のある絵本が好まれます。繰り返しがあることで、子どもは次の展開を予測しやすくなります。子どもが親しめるような、簡単な繰り返しのある絵本を選びましょう。

　「きゅっきゅっ」「どんどこどんどこ」など擬態語や擬音語（オノマトペ）の繰り返しを喜びます。オノマトペが出てきたらリズミカルに語り、子どもと一緒に唱えるなど、言葉そのものを楽しめるようにしましょう。

●繰り返し楽しむ

　「もっかーい！」「もっかーい！」と、同じ絵本を何度も読んでもらいたがるのも、この年齢です。子どもにとっては、絵本そのものと、「読んでもらうこと」が喜びなので、できる限り応えていきましょう。

1歳児　おすすめ絵本

きゅっきゅっきゅっ
福音館書店／
林　明子　作

 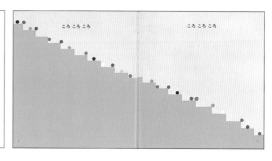

ころころころ
福音館書店／元永　定正　作

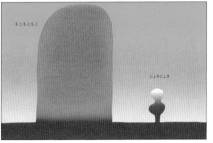

きんぎょがにげた
福音館書店／五味　太郎　作

もこ　もこもこ
文研出版／谷川　俊太郎　作／元永　定正　絵

❸２歳児

　この年齢になると、絵本の簡単なストーリーを理解し、楽しめるようになります。子どもが理解しやすいよう、ゆっくり読みましょう。複数の子どもが一緒に絵本を見るときは、保育者と並んで絵本を読める程度の少人数で絵本を囲みます。一人ひとりの子どもが好きな場面や喜ぶセリフを把握し、絵本の楽しみを広げていきましょう。簡単なストーリーがわかり、お話を楽しめるようになるので、起承転結のはっきりした、わかりやすい絵本を選びましょう。すぐにごっこ遊びに結び付けるような遊び方よりも、何度も何度も読んで、お話の世界を楽しむことが大切です。

●ゆったりとした絵本コーナー

　絵本コーナーは、ゆったりとした雰囲気で一人ひとりの子どもが絵本を楽しめるよう、クッションなどの柔らかいものを設置したり、子どもの視界に他の刺激が入らないようにするなど、工夫が求められます。

　絵本は取り出しやすくしておくことと同時に、片付けやすくしておくことで、子どもがより自由に選びやすくなります。絵本棚に絵本の表紙をコピーして貼って、戻す位置を明確にすると、子どもが自分で行動しやすくなります。

●絵本の中のものに興味を示す

　絵本の登場人物が使っていたものなど、絵本に出てくるものや、色使い、形などを子どもの目の付く位置に置いてみましょう。「あっ！　同じだ！」と、子どもが絵本と関連付けて遊びはじめたら、遊びが一つ広がります。

●絵本は大切に扱う

　読めば読むほど本は劣化します。けれども、片付ける、並べる、丁寧に扱うなど、日ごろの扱い方によって、長持ちするものです。保育者が丁寧に本を扱う行動がモデルとなり、子どもが本の扱い方を学びます。

2歳児おすすめ絵本

コロちゃんはどこ？

評論社／エリック・ヒル 作
まつかわ　まゆみ 訳

どんどこももんちゃん

童心社／とよた　かずひこ 作・絵

おばけがぞろぞろ

福音館書店／佐々木　マキ 作

わにわにのおふろ

福音館書店／小風　さち 文／山口　マオ 絵

引用文献

遠藤利彦「アタッチメントが拓く生涯発達」（特集 最新・アタッチメントからみる発達―養育・保育・臨床の場における"愛着"をめぐって）『発達』153、vol.39、pp.2－9、ミネルヴァ書房、2018.

西村真実（連載）『保育とカリキュラム』2016年4月号～2020年10月号、ひかりのくに

嶋田容子「0.1.2歳の子どもの〈音〉〈音楽〉を聴くことに関する特性―保育園・幼稚園の音環境を考える」『音楽教育実践ジャーナル』15巻、pp.95-103、2017.

志村洋子「幼稚園・保育所における保育室内の音環境」『騒音制御』27巻2号,pp.123-127、社団法人日本騒音制御工学会、2003.

竹田契一・里見恵子『インリアルアプローチ―子どもとの豊かなコミュニケーションを築く』pp.12-15、日本文化科学社、1994.

第3章

発達に応じた遊びの
援助と遊び環境

① 0歳児クラスの環境

育児担当制は、生活援助だけで完結するものではありません。保育者が一人ひとりの子どもに丁寧な援助を行うことと、子どもが夢中になって遊ぶことが両立するための環境づくりが不可欠です。

1. 0〜1歳の発達の特性

❶運動面

　誕生から初めての誕生日を迎えるまでの1年間は著しい成長の時期です。運動面では、仰向けの状態での反射的な動作から、自分の意思で体を動かすようになり、体の中心が安定すると首がすわり、寝返りをうち、やがてハイハイがはじまります。床の上に上半身をつけて移動するずり這いから、高這いとなり、手近なものにつかまって膝立ちし、さらに両足に力を入れて立ち上がる（つかまり立ち）ようになり、手で体を支えながら移動する伝い歩きがはじまります。1歳ごろには両足で体を支え、一人で立っていられるようになります。最初の1年間の姿勢の変容は著しいものです。

　手の動きも同様に著しい発達を遂げます。出生時は拳の状態で握っていた手は、原始反射の消失と共に開いていき、握る、放す、引っ張るなどが可能になります。やがて親指が独立した操作、次に人差し指も独立した動作（つまむ）を獲得し、手を使って遊ぶことを楽しむようになります。

❷認知面

　生後1か月前後の子どもの視力は0.02程度で、視界にあるものを少しの間注視できます。3か月ごろには、動くものを目で追える範囲（追視野）も広がり、声を出すなどの反応を示します。自分の意志で手足を動かせるようになると、近くのものに手を伸ばそうとする姿も見られるようになります。5か月前後には、特定の養育者の声を聞き分けられるようになり、初期の人見知りがはじまります。6か月ごろには自分の要求に関連をもつ喃語を発し、大人の注意をひきます。やがて喃語には志向性が表れるようになり、機嫌の良し悪しや要求の前後で喃語の種類や表現が変わってきます。また、抱かれていても行きたい方向に手を伸ばすなど、志向性を伴う要求の手さしがはじまります。10か月ごろには、言語の理解が進みます。抱かれているときに相手の示すものを一緒に見ることも可能になります（共同注意）。

　11か月を過ぎるころには、「マンマ」など特定の意味をもつ初語が出るようになります。

12か月ごろには、対象にしっかりと対応する言葉が数語現れはじめます。また、目の前にある物や新たに見付けた物を指さす「志向の指さし」がはじまります。指さしは、発語の前兆です。

2. 0歳児の室内の環境構成と遊びの援助

❶育児担当制と室内環境

　育児担当制と保育環境構成は、車の両輪、つまりどちらが欠けても成り立たないものです。育児担当制は、一人ひとりの子どもの生活援助に用いる手法ですが、その個別的援助が成立するためには、個別援助を受けていない子どもが落ち着いて気持ちよく遊ぶ状況をつくる必要があります。保育者が一人の子どもの生活援助を通して密接に関わる間、他の子どもたちがそれぞれ遊びに没頭している必要があります。子どもたちは、自分がお世話を受ける順番を待つのではなく、遊びを楽しんでいるのです。それぞれの子どもの流れる日課の中で、ある場面ではしっかりと保育者からの援助を受け、またある場面では十分に遊べるようにすることが大切です。保育室の中で、複数の子どもの生活と遊びが「両立」するためには、保育環境の構成が不可欠です。

❷環境構成の基本
● 遊びと生活の空間分離

　遊びと生活の空間は、分離することが基本です。とくに0歳児では、一人ひとりの子どもの生活リズムが異なるため、保育室内で誰かが眠っているときに、他の子どもが食事をしたり、遊んだりします。1～2歳児でも同様に、同じ保育室内で食事や着脱をする子どもと遊びに興じる子どもの生活が同時に進行していきます。生活していても、遊んでいても、子どもたちがそれぞれ落ち着いて過ごせるよう、室内で生活と遊びの場所と使い方を決めることが重要です。配置については、子どもと保育者の動線を勘案しながら、それぞれが干渉しないようにします。遊びのコーナーを配置するときは、遊びの中での子どもの動きを考慮して、互いが落ち着いて遊べるよう考慮します。生活場面でも、食事や排泄、着脱など子どもの行為がスムーズに行えるよう、動線に配慮します。

　しかし、保育室の広さは無限大ではありません。本来なら先述のように、食事の場と遊びの場を明確に区切りたいところですが、現状では広さには制約があるため、それもままなりません。だからといって空間分離ができないわけではありません。クラスの子ども全員が一斉に同じ行動を取る場合、食事にも遊びにも全員活動可能な広さが必要になりますが、生活と遊びを少人数で行う場合には、一つひとつの空間は大きなものとはなりません。育児担当制の場合、一人の保育者が担当する子どもが順番に食事をとります。いくらかの時間差を取りながら、二人の保育者が食事の介助をする場合でも、テーブルは2台程度です。その分、食事をとっていない子どもたちが十分に遊べるよう、遊びの空間を確保します。

● 室内に複数の遊びコーナーを設ける

　保育室内には、遊びを種類で分けた複数のコーナーを設けます。複数の遊びコーナーは、子どもが自分で遊びを選ぶための選択肢となります。それぞれのコーナーでは、複数の子どもが平行遊びを楽しむことが可能となるように、一定の広さを確保する必要があります。また、遊びのコーナーは、手指を使う遊び、生活再現やお世話の遊び、積み木などの構造遊び、そしてゆっくり絵本を楽しむコーナーなどが必要です。コーナーでの遊びは、子どもの発達に応じた経験ができるものをそろえます。各コーナーには十分な量のおもちゃが必要です。また、0、1歳児では、保育室内にも粗大運動を促す遊びのコーナーを設けます。2歳児では、粗大運動は屋外で楽しむようにしましょう。

● おもちゃ＝発達を助ける道具

　子どもにとって、遊びは学びとなる直接的経験です。「道具がなくても子どもは遊びますよ」という声もありますが、道具があることで遊びはより豊かになります。おもちゃは子どもの学びのための道具、つまり教材なのです。

　おもちゃなら何でもよいというものでもありません。安全面、衛生管理面はもちろんですが、子どもがどのような経験を得て、何が育つのかを見極めて選ぶことが大切です。できるだけシンプルで、様々な使い方のできるものを選びましょう。たとえばドイツにはデザインや素材だけではなく、子どもの発達に適しているか、子どもが工夫して遊べるかなどを多面的に評価する「シュピールグート」というおもちゃの認証制度があります。そうした認証の評価基準などを参考に、おもちゃを手作りする場合でも、おもちゃが子どもの何を育むかを見定めることが大切です。

● 子どもが扱いやすい配置

　各コーナーのおもちゃは十分な量が必要です。それぞれのコーナーで、子どもが手にとりやすく、扱いやすい位置に配置しましょう。量はたくさん必要ですが、ぎゅうぎゅうに詰め込んだり、なんでもかんでも1か所に集めたりすると、子どもが混乱し、自分で扱うことが難しくなります。見やすさを心がけた配置と整理整頓が大切です。何がどこにあるかが一目瞭然でわかり、それぞれのおもちゃの位置に写真が示されていると、選びやすいと同時に片付けやすくもなります。写真と同じおもちゃを置く、という仕組みは「写真と実物の対応」でもあります。「対応」は、数学的思考の基本となるものです。遊ぶことと同時経験する「対応」は、後に算数を学ぶときの基盤となります。

❸ 0歳児保育室の環境構成

　0歳児クラスでは月齢の違いによって、子どもの動きが大きく異なります。生後3か月前後の仰向け寝の姿勢の子どもから、初めてのお誕生日を迎え一人歩きを楽しめるくらいの子どもが同じ部屋で過ごすことになります。子ども自身ができることに一人ひとり違いがあることはどの年齢でも同じですが、0歳児ではその違いがより顕著な年齢です。した

0歳児の保育室。高月齢児と低月齢児
の遊びコーナーを分ける

別方向から見た0歳児保育室。右奥が食事用エリア

がって、生活でも遊びでもその違いに応じた環境を用意することが求められます。

　食事する子どもと遊ぶ子ども、両者の動線が干渉しないよう、食事場所を決めます。保育室内に机やいすは複数ありますが、食事のときは、子どもがいつも同じ場所（位置）で食べられるようにします。

　0歳児クラスには、保育者の膝に抱かれて座り食事をする子どもがいるため、保育者がいすに座って補助ができるよう、大人サイズの机があると、援助を行う保育者の姿勢に負担がかからず、援助がスムーズに進みます。子どもの座位が安定し、一人でいすに座れるようになったら、子ども用のいすに座ってテーブルで食事をします。この年齢では食事の際に保育者の援助が不可欠なので、基本は1対1で援助を行います。子ども自身でできることが増え、一人の子どもに対する保育者の援助が減りはじめ、保育者が同時に二人の子どもの援助が可能になれば、子ども二人と特定の保育者がテーブルを囲みます。

　0歳児の遊びコーナーでは、同じ遊びでも子どもの発達の違いに応じて「高月齢児用」「低月齢児用」の2パターンを設けることがよくあります。たとえば、歩行が可能になった子ども向けの運動遊びコーナーと、仰向け寝やハイハイの子ども向けの運動遊びコーナーを設けるのは一般的ですが、手指を使う遊びのコーナーも、高月齢児向けと低月齢児向けのコーナーを設けるなどです。0歳児の場合、発達の違いによって子どもの動きの違いも大きいため、遊びコーナーを配置する際には、子どもの動線をしっかりと考慮することが大切です。また、配置したコーナーに用意したおもちゃは、子どもがどのような姿勢で、どのように使って遊ぶかを想定することも大切です。それらを踏まえて遊びのための空間を確保しておきます。

　手指を使う遊びは、座位で行うことはもちろんですが、立位でも楽しむことができます。とくに一人立ちがはじまるころの0歳児は、ものにつかまらず、両足で体を支えバランスを保つことは発達課題の一つとなります。立位で手を動かすことは、さらに複雑な均衡感覚と身体操作が求められます。そうした経験が遊びの中で楽しめるよう、壁面や遊具を配置することも効果的な発達援助となります。

❹ 0歳児の遊びの援助

　子どもにとって遊びは「遊ぶこと」そのものが目的です。「遊ぶ」主体は子ども自身であり、遊びの主導権は子どもにあります。それは0歳児であっても当然です。育児担当制では、子どもが遊びの主導権を持って行為を楽しむことを重視します。しかし、それは子どもの主体性を尊重する自由遊びという大義を掲げ、子どもを放置することではありません。また、保育者と子どもが一緒に遊ぶことを否定するものでもありません。

　子どもが一人遊びを楽しんでいるときには、それを見守ります。ふとした瞬間に、子どもが保育者に目を向けたときには、子どもからの発信に応えます。子どもの試行錯誤を見守り、手助けが必要なところでは、適宜保育者が手助けを行います。保育者の手助けは、子どもの状態によって千差万別です。直接行為を手伝う場合もあれば、ヒントを示すに留まる場合もありますし、微笑みながらうなずく場合もあります。

　子どもと保育者が一緒に遊ぶ場面も、もちろんあります。たとえば、わらべ歌遊びなどで、保育者が遊びをはじめることもあります。ただし、保育者は一方的に遊びをリードせず、むしろ子どもが楽しむペースに同調し、それを尊重します。

　低月齢児をあやすような場面においても、子どもからの発信を重視し、それを受け止めながら、子どもが参加していること、つまり双方向の交流が成立することを重視します。大人が一方的に遊びをリードするのではありません。子どもはその遊びに不可欠な参加者として、子どもと保育者は対等な存在として遊びます。状態に応じて、保育者は遊びの主導権を少しずつ子どもに渡すようにしていきます。

　0歳児であっても、子どもが一人ひとりの楽しみ方やペースで遊ぶことを尊重し、保育者は子どもの楽しみ方に追随しながら、援助が必要な場合には、援助を行います。

子どもが遊びの主導権をもち、保育者は子どものペースに合わせる

3. 0歳児の保育のねらいと「3つの視点」からの解説

❶エピソードからみる0歳児の姿

　以下のエピソードから、0歳児の姿や環境との関わりを読み取り、保育所保育指針の「3つの視点」との関連を考えてみます。

　近頃、伝い歩きができるようになったユメミちゃん（10か月）。**今朝は遅番で保育室にやってくる担当保育者が見えると、パタパタと高這いでドアのそばまで行きました（a）。担当保育者が入室すると、ほころぶような笑顔になって「あっこ！」と両手を広げます（b）。「ユメミちゃん、おはよう。お迎えに来てくれたの？　嬉しい！ありがとう」と、保育者はユメミちゃんを抱き上げて思わず頬ずりをしました（c）。**

　抱っこから降りたユメミちゃん、次は**木製のピラミッド型のおもちゃに向かってハイハイで一目散に向かっていきました（d）。**ユメミちゃんが、まず手を出したのは鈴入りローラーです。**ローラーを回すと、中で転がる鈴が音を立てます。「おや？」という表情でそばにいる保育者の顔を見上げ、「回るね」と保育者が応えると、再びローラーを回しはじめました（e）。**ローラーが止まると、ユメミちゃんは神妙な顔つきでローラーの中に指を入れます。鈴に触れようとするのですが、ユメミちゃんの指は鈴に届きません。指を入れるのに力を入れたので、手を抜いたときにローラーが勢いよく回り、鈴が鳴りました。保育者は「鈴が鳴ったね」と語りかけますが、**ユメミちゃんは納得いかないようです（f）。**

ローラーが止まると神妙な
顔つきで中に指を入れる

　次にユメミちゃんが手を伸ばしたのは、キラキラチューブです。両手でチューブの両端を握ると、留め具がきしんでキュッキュと音がします。**ユメミちゃんは膝立ちの姿勢でお尻をブルブル揺らし、「おう！　おう！」と嬉しそうな声を上げました（g）。キラキラチューブを回転させようと両手に力を入れるのですが、チューブは左右に揺れるだけで回転しません（h）。**ユメミちゃんは**ピラミッドの天井部分に手を**

置いてつかまり、立ち上がりました (i)。手元にあった３色ローラーを左手で回し (j)、納得したように天板をたたくと (k)、ユメミちゃんはゆっくり伝い歩きで移動します。ピラミッドの角はゆっくり、慎重にまたいで隣の面に到着しました (l)。それでもキラキラチューブが気になるようで、上半身を傾けて右手を伸ばし (m) チューブに触れると、チューブがスムーズに回りました。ユメミちゃんは立位でお尻をブルブルさせたかと思うと、しゃがみ込んでチューブを握り (n)「えっえー」と声を上げるのでした。

　しゃがんだユメミちゃんの視界に入ったのは、鏡です。「おー」と声を上げながら鏡をのぞき込み、両手で鏡をたたいてみました (o)。さらに鏡をのぞき込むと、保育者が映っているのに気が付きました。保育者の顔を見上げ、ハイハイの姿勢になったユメミちゃんは、保育者の膝に向かって急ぐのでした (p)。

ピラミッドの角はゆっくり、
慎重にまたぐ

❷「３つの視点」からの洞察

　ユメミちゃんは、特定の保育者との情緒的絆をしっかりと結び、安定した関係を築いています。これは、保育所保育指針「第２章　保育の内容」「１　乳児保育に関わるねらい及び内容」「（２）ねらい及び内容」（いわゆる「３つの視点」）の「ア　健やかに伸び伸びと育つ」

> ## 乳児保育の「３つの視点」
>
> ア　健やかに伸び伸びと育つ
> イ　身近な人と気持ちが通じ合う
> ウ　身近なものと関わり感性が育つ

の「（イ）内容－①保育士等の愛情豊かな受容の下で、生理的・心理的欲求を満たし、心地よく生活をする。」や、「イ　身近な人と気持ちが通じ合う」の「（イ）内容－①子どもからの働きかけを踏まえた、応答的な触れ合いや言葉がけによって、欲求が満たされ、安定感をもって過す。」に該当します。

　伝い歩きで移動することも可能なユメミちゃんですが、急いで移動するときは高這いです。担当保育者のそばに行くための手段に高這いを選ぶ姿（a）や、保育者の顔を見た瞬間にほころぶ表情で抱っこをせがむ姿（b）からは、ユメミちゃんが担当保育者のことが大好

きであることが溢れ出ています。また、鏡で保育者の姿を見たユメミちゃんが、実在する保育者に触れ合おうとする姿（p）は、「3つの視点」の「イ　身近な人と気持ちが通じ合う」の「（イ）内容－③生活や遊びの中で、自分の身近な人の存在に気付き、親しみの気持ちを表す。」に該当するものです。担当保育者は、ユメミちゃんにとっての"安全基地"であり、それをユメミちゃんが確信するからこそ、ユメミちゃんは活発に活動します。

　（c）、（e）、（f）からは、担当保育者が、ユメミちゃんの興味・関心や行動のペースを尊重し、ユメミちゃんからの発信を見逃さずに応答していることが見て取れます。これらは保育所保育指針で示される「温かく受容的・応答的な関わり」、「ゆっくりと優しく話しかける」「愛情豊かに」関わるというような保育者の関わりである以上に、子どもを"人格をもつ一人の人間"として尊重する関わりであると考えられます。満1歳に満たない、いわゆる"赤ちゃん"と呼ばれる世代の子どもに対して、人として誠実に向き合う保育者の姿です。

　そんな担当保育者からの見守りの中、ユメミちゃんは活発に探索を行います。（e）、（f）、（h）、（j）、（k）、（n）、（o）はユメミちゃんの探索活動です。これは「3つの視点」の「ウ　身近なものと関わり感性が育つ」「（イ）内容－①身近な生活用具、玩具や絵本などが用意された中で、身の回りのものに対する興味や好奇心をもつ。」や「②生活や遊びの中で様々なものに触れ、音、形、色、手触りなどに気付き、感覚の働きを豊かにする。」や「④玩具や身の回りのものを、つまむ、つかむ、たたく、引っ張るなど、手や指を使って遊ぶ。」に該当します。

　ピアジェは「認識は主体と客体の相互作用から生じる」と述べました（J. ピアジェ、中垣訳、2007）。この場合の主体はユメミちゃんであり、客体はおもちゃです。ユメミちゃんからの働きかけに応じておもちゃが様々な反応を示します。それは同時に、ユメミちゃんの試行錯誤を生み出すものにもなります。ユメミちゃんからの働きかけは何らかの操作です。外見上は、単純な働きかけであっても、そこにはおもちゃからの反応があり、そこでユメミちゃんは思考します。子どもの認識を育てるうえで、子どもからの働きかけを受け止め、様々に反応するおもちゃは、子どもの発達援助に欠かせない重要な「教材」です。

　保育者に向かって行くとき、そして遊びの中でユメミちゃんは様々に体を使います。（a）、（d）、（g）、（h）、（i）、（l）、（m）、（n）などがあげられます。これらは、「3つの視点」の「ア　健やかに伸び伸びと育つ」「（イ）内容－②一人一人の発達に応じて、はう、立つ、歩くなど、十分に体を動かす。」に該当します。実際のところ、ユメミちゃんの運動には、場面ごとに目的や感情があることがうかがえます。目的に応じて、立ち上がったり（i）、急いでハイハイしたり（a）（d）（p）、慎重に移動したり（l）します。そのたびに重心の移動を伴って身体の部位の位置や姿勢を変換し、自分の身体を操作しています。経験を重ねることが新たな身体機能の獲得につながります。ここで大切なことは、身体機能の獲得や、身体操作、つまり体を動かすことは、子どもにとって目的ではありません。目的に沿った行動の結果です。子どもの目的は遊びです。子どもが遊びたいと思える環境、つまり子どもが働きかけたいと思える対象を子どもの身の回りに十分用意することが重要です。保育者の目的は子どもの新規機能の獲得、つまり身体発達の援助ですが、子どもの行動・動作がどのような遊びによって経験できるかを十分想定し、環境を構成することが大切です。

② 1歳児クラスの環境

育児担当制は、生活援助だけで完結するものではありません。保育者が一人ひとりの子どもに丁寧な援助を行うことと、子どもが夢中になって遊ぶことが両立するための環境づくりが不可欠です。

1.1～2歳の発達の特性

❶運動面

　座位から両手を床について重心を移動し、一人で立てるようになると、前方に向かって歩こうとしはじめます。歩きはじめのころは、両手を上げてバランスをとるようにして歩く姿が特徴的です。1歳3か月を超えると、歩数も徐々に増え歩行が安定しはじめます。1歳6か月ごろには、両手を下へ降ろして交互に振り、その動きに両足も協調させた歩行となります。ボールを足で前に蹴るなど、足を使うことも少しずつ上手になります。1歳6か月を過ぎると、しゃがんで遊んだり、かがみこんだりと斜めの姿勢でも転倒せずバランスをとれるようになります。歩行から小走りになったり、ゆっくり進んだりと長時間、調整しながら動けるようになります。

　手の動きを見ると、1歳3か月のころには、親指と人差し指で物をつまんで物に入れたり、はめたりすることができるようになります。1歳6か月のころには、入れる物に方向を合わせて調整を行うことができます。1歳後半では、こうしたの操作をさらにしっかりと行えるようになります。腕や手指を使い、様々に道具を使った動作が可能になります。5指に力を入れて瓶のふたをねじるなど、指先の巧緻性が高まるのもこのころです。

❷認知面

　12か月を過ぎるころには、自分の主張や要求をストレートにぶつけるようになります。まだ自分では感情が調整できないため、大人の援助が必要です（自我の芽生え）。このころには、自分の行きたいところ、欲しいものを指さして示す「要求の指さし」も現れます。指さしは、1語発話期に高頻度で現れるものです。

　1歳3か月～1歳6か月のころに、子どもの語彙は急激に増えていきます。「トラック」「バイク」など特定の物を特定の言葉と結び付けることができるようになります。1歳4か月を過ぎるころには、「目」「鼻」「口」「手」など、いくつかの体の部位を特定し、「中」「上」などの物や行為以外の言葉も理解できます。子どもが使える言葉は、1歳6か月前では30語

前後、2歳ごろには300語ほどになるといわれています。

　2歳ごろから「ワンワン、ネンネ」など、軸になる言葉に動詞などを伴った2語文が表れます。さらに問いと答え、質問、命令、そして過去形、未来形も表れます。言葉で言われたことがわかるようになり、言葉で伝えることで目的に応じた道具の使い方がある程度できるようになります。

2. 1歳児の室内の環境構成と遊びの援助

❶ 1歳児保育室の室内環境

　1歳児は、自分で歩行ができるようになり、自分の身の回りのことにも少しずつ関心を向けはじめ、自分でやろうとするようになります。そうした意欲を支えるため、子どもの生活動線に配慮した環境構成が求められます。

　保育室内では、食事や着脱などの生活スペースと遊びのスペースを決めます。生活場面では、手洗い場所と食事テーブルが近くにあると、手洗いをしてから食事をする、という子どもの動きがよりスムーズになります。朝夕に身支度をする場所や外出前に靴下を履く場所などが、他児の遊びの動線と重なってしまうと、互いの行動が阻害され、子どもが混乱してしまいます。食事用テーブルを遊びで使うときでも、「テーブルクロスをかけたら食事テーブルになる」、「配膳カートがテーブルの隣にあるときは食事用テーブルになる」など、子どもが視覚的に理解できるようにしておくことが大切です。

　また、食事テーブルでは、一人ひとりの子どもが食事をする位置を決めておくと、いつも同じ時間に同じ場所で同じ人と食事をとることで、子どもが安心するとともに生活の流

奥が食事のエリア。生活と遊びのエリアを分け、遊びコーナーは複数設ける

食事エリアは手洗い
近くに設け、子どもの
生活動線に配慮する。
動きのある生活再現
遊びのコーナーと机
上遊びのコーナーを
離す

れを視覚的にも理解できます。食事や着脱などの生活でも、複数の遊びコーナーでも、子どもは実際に使うことで、場所や位置、そして使い方を理解していきます。

　室内では、ある程度体を動かして遊べる空間があることが理想的です。室内では、屋外のような粗大運動はできませんが、姿勢の変換や、重心移動の伴う動作などを楽しむことは可能です。

　遊びコーナーは、複数の子どもの平行遊びが十分可能なくらいの広さが必要です。子どもが平行遊びを楽しめるよう、おもちゃは同じものを複数用意します。また、体を動かす遊びやごっこ遊びなどの子どもの動きが活発な遊びと、手指を使う遊びや絵本などのように動きが少ない遊びは、子どもの動線が重なって互いの遊びを干渉しないよう、配置には気を付けましょう。

　手指を使う遊びは、床上でも可能ですが、子どもの目と物との距離や手指の操作性を考慮すると、机上で遊べるようにしておくことが大切です。手指を使って遊ぶための道具は、子どもの発達にちょうど良いものと少しだけ難しいものを用意すると、子どもの意欲を引き出せます。

　この年齢では、生活再現遊びやお世話遊びが楽しめるよう、ごっこ遊びのコーナーも必要になります。生活再現遊びでは、食器類や鍋、野菜や果物などの具体物を用意します。この年齢は、「調理しているつもり」「食べているつもり」など、「〜のつもり」を楽しむ年齢です。具材は赤、青、緑などはっきりした色の物を用意しておくと、色を手掛かりとする見立て遊びにつながります。

　積み木は、まだ構造物を作る年齢ではありませんが、乗せたり並べたりすることを楽しみます。十分な量と並べるためのある程度の広さを確保します。

　室内には、子どもが一人か二人程度で入れる「くつろぎのためのスペース」を設けましょう。クッションなどの柔らかいものを用意し、ふとした瞬間に子どもがくつろぐことがで

きる空間です。子どもは様々な遊びに興じますが、気分がのらないことや、合間に休息することもあります。そうしたときに、安心してゆっくりできる空間で過ごすことで、安心したり、気持ちを切り替えたりすることが可能になります。

❷１歳児の遊びの援助

　遊びの主体、つまり主人公は子どもです。それは幼児であっても３歳未満児であっても同様です。保育者は、子どもと一緒に遊ぶ場面でも、主人公である子どもをサポートすることが求められます。無論、保育者が子どもを遊びに誘ったり、遊び方を伝えたりすることはあります。そうした場面においても、子どものペースで試行錯誤することを尊重し、保育者は子どもと同調して、子どもが楽しんでいることに関

子どもが自分のペースで遊べるよう、保育者は子どもが楽しんでいることに関心を寄せる

心を寄せましょう。子どもはどんなに幼くても、自分で遊ぶ力を有しています。子どもだけで遊べる場面では、保育者はそれを見守ります。

　ただし、子ども同士でおもちゃや場所の取り合いになるような場面では、それを仲介し、それぞれの子どもの心情を代弁します。

3.１歳児の遊びのねらいと保育内容（５領域）からの解説

❶エピソードからみる１歳児の姿

　以下のエピソードから、１歳児の姿や環境との関わりを読み取り、保育所保育指針の「５領域」との関連を考えてみます。

【エピソード】

　ハツエちゃん（１歳３か月）が、<u>積み木コーナーにやってきました。色板のそばにしゃがみ込み（a）</u>、かごの中から１枚ずつ板を取り出して、床に置いていきます。色板は厚さ１cm程の板の両面にフェルトを貼っているものです。何度も何度も繰り返すうち、床に置いた板が少し歪みを含みつつも、並べていきました。<u>ハツエちゃんは、並んだ色板を納得したように眺めて（b）</u>、またかごから色板を取り出します。

板の列が長く伸びてくると、ハツエちゃんは座位から右手を伸ばし、体を傾けて（c）、自分が並べた板の列に沿う位置に色板を置き（d）ます。それでも届かなくなると、座位から少し腰を浮かして、左手で体を支えながら右手を伸ばして（e）色板を置きます。長くなった板の列を見て、感心したように眺めるハツエちゃん（f）。色板の列がさらに長くなると、腰をさらに高く浮かせ、左手と片膝で体を支えながら上半身を少しだけ移動させて（g）、次の板を置きます。どんどん長くなる色板の列を見て「おぉ！」と小さな唸り声をあげました（h）。そばで遊んでいたユキコちゃんが板の列を触ろうとすると、「め。」とユキコちゃんを制止しました（i）。ハツエちゃんは長く並んだ板を見て、「ゴゴン、ゴゴン！」と、しゃがんだままで体を揺らします（j）。さらに板を並べ続けるハツエちゃんは、何枚か並べるごとに「ゴゴン、ゴゴーン」と、嬉しそうに体を揺らす（k）のでした。

1枚ずつ色板を取り出しては並べていく

❷ハツエちゃんの活動を5領域から洞察

　ハツエちゃんは、担当保育者との情緒的絆をしっかりと結んでおり、日常的に安心して生活しています。夢中で遊びに興じられるのも、基本的な安心感があるからです。これは、保育所保育指針「第2章 保育の内容」「2　1歳以上3歳未満児の保育に関わるねらい及び内容」「(2)ねらい及び内容」の「ア 健康」「(イ)内容−①保育士等の愛情豊かな受容

1歳以上3歳未満児の 保育の「5領域」
ア　健康　　イ　人間関係 ウ　環境　　エ　言葉 オ　表現

の下で、安定感をもって生活をする。」や、「イ　人間関係」「(イ)内容−②保育士等の受容的・応答的な関わりの中で、欲求を適切に満たし、安定感をもって過ごす。」に該当します。

　遊びの中でのハツエちゃんの行動を見ていくと、色板を並べるために（c）（e）（g）のような複雑な体の操作を行っています。これらは「色板を並べる」という目的のために必要となる動作で、ハツエちゃんはこの遊びの中で複雑な全身的身体操作を経験しています。こうした身体操作が必要な遊びを楽しむ、という文脈は、「ア　健康」「(イ)内容−③走る、跳ぶ、登る、押す、引っ張るなど全身を使う遊びを楽しむ。」に通底します。

色板はハツエちゃん自身が関心を向け、つまり選んではじめた遊びです（a）。保育所保育指針には、**「ウ　環境」「（イ）内容－②玩具、絵本、遊具などに興味をもち、それらを使った遊びを楽しむ。」** とあります。さらに（b）（d）（f）（h）からは、並べた色板を眺め、並んだこと、長くなっていくことに喜ぶ様子が見て取れます。ここには、**「ウ　環境」「（イ）内容－③身の回りの物に触れる中で、形、色、大きさ、量などの物の性質や仕組みに気付く。」** と、**「オ　表現」「（イ）内容－③生活の中で様々な音、形、色、手触り、動き、味、香りなどに気付いたり、感じたりして楽しむ。」** に通底する経験があります。また、ユキコちゃんの行動を見て、それを制止するハツエちゃんの姿（i）には、自分の意思を伝えようとする意図と共に言葉の使用も認められます。**「エ　言葉」「（ア）ねらい②」** には、**「人の言葉や話などを聞き、自分でも思ったことを伝えようとする。」** が、あります。この場面では、ユキコちゃんから言語的な働きかけがなされたわけではありませんが、ハツエちゃんはユキコちゃんからの発信を受けて、「め。」というハツエちゃんにとっての言葉と共に自分の主張を伝えようとしています。また、どんどん長くなる色板の列を見て、ハツエちゃんが発した小さな唸り声はハツエちゃんの内面で起きた驚きが音となって表れたものです。特定の音の組み合わせを言語として使用する前段階に、心情を音として発する段階があります。このハツエちゃんの姿は、言語を使用する前の段階の姿として、とても重要なものです。

　ハツエちゃんは電車が大好きです。「ゴゴン、ゴゴン」は、ハツエちゃんにとって大好きな電車が走る音です。ハツエちゃんは電車を見ると、それが走り去るまでお尻をブルブル揺らしながら見入っています。長く並んだ色板は、ハツエちゃんに電車を想起させたようです。（j）（k）は、並んだ色板が電車と結び付き、ハツエちゃんがそれを体の動きで表現する姿です。それは、**「オ　表現」「（イ）内容の⑥」に「生活や遊びの中で、興味のあることや経験したことなどを自分なりに表現する。」** と示されています。さらに、ハツエちゃんの「ゴゴン、ゴゴン」には、ごく単純ながらもリズムがあります。曲や歌ではないけれど、ここでハツエちゃんが楽しむことの一つがリズムです。保育所保育指針には **「オ　表現」「（イ）内容－②音楽、リズムやそれに合わせた体の動きを楽しむ。」** と、あります。

　ここで見てきたように、一つの遊びの中には、保育所保育指針に示された様々な保育内容が混在しています。ある領域の１項目を経験するための活動として遊びを捉えるのではなく、遊びの中にどの領域のどんな要素が存在するかを想定して、遊びを経験するための道具をそろえていく必要があります。保育を計画する際には、遊びと保育内容や項目を結び、子どもが経験する複数の遊びから、各領域の保育内容や項目を確認することが大切です。子どもが経験していない保育内容や項目が確認できた場合には、それらを遊びの中で経験できるよう、玩具を用意し、環境を整えます。

　１歳児の場合、「１歳以上３歳未満児の保育に関わるねらい及び内容」と実際の子どもの姿が合致せず、保育者が戸惑うことがあります。保育所保育指針に示されている「１歳以上３歳未満児」の内容は、２歳後半から３歳直前あたりの子どもの姿を示しているものが少なくないため、１歳児の姿とは齟齬が生じてしまいます。したがって１歳児は、「１歳以上３歳未満児の保育に関わるねらい及び内容」で示される姿に至るプロセスの中にいることを前提として、これらの内容を捉える必要があります。

２歳児クラスの環境

育児担当制は、生活援助だけで完結するものではありません。保育者が一人ひとりの子どもに丁寧な援助を行うことと、子どもが夢中になって遊ぶことが両立するための環境づくりが不可欠です。

1. 2〜3歳の発達特性

❶運動面

　安定した姿勢や歩行を行う１歳の時期を経て、２歳では、力を伴う動きや、より複雑な動作の調整ができるようになりはじめます。言葉による動作の調整も少しずつできるようになり、言葉をかけるとそれに合わせて動作をしたり止めたりすることも可能になります。モデルがあると、簡単な動作をまねることも可能になります。

　２歳の後半では、さらに複雑な体の均衡調整が可能となります。不安定な姿勢を制御することも可能になり、より複雑な動作が可能になります。体を使った遊び方が、１歳のころよりも複雑になると同時に、より複雑な身体操作の獲得によって衣服や靴の着脱などの基本的な生活動作を、子ども自身がさらにスムーズに行えるようになります。

　手の動きでは、２歳のころには、親指や人差し指の先に力を入れて物を押したり、ねじったり、つまんだりするなど、指先の力を調整して行う操作や両手首から先を回転、交錯することが可能になります。

　２歳後半になると、腕からひじ、手首、そして指先全体に力を込めて物を扱うことも可能になります。力の入れ方を調整して粘土などの素材を変形させることも可能です。また、音などに対応させて両手を同時に開閉する、大人が指でつくる形を見てまねようとするなど、手指操作の巧緻性がどんどん高まる時期です。この時期には、片手でハサミを持ち、もう一方の手を添えて注意深く切るなど、道具を扱う操作や行動も上手になります。

❷認知面

　２歳前半では、二つの器の一方にたくさんの物を入れるような区別性の強い配分を行うようになります。また、二つあるうちの一つの器にすべてを入れて、それらをまた別の皿に移し替えるなど、単なる出し入れではなく思考を伴う交互対称性のある操作を行います。円、正方形、三角形などの簡単な形や色を合わせるなどの「同じ」物同士を対応させることも可能になります。このころには、「大きい」に対して「小さい」、「たくさん」と「少し」、「上」

と「下」など反対概念が成立します。2歳半ばになると、物を調整しながら並べたり、積んだりするのを楽しむようになります。

　2歳後半には、自分の指を使って一つ二つを示し、物と自分の指で1対1の対応が可能になります。二つまでなら、言葉を使ってわかるようになります。複数の色の中から自分の好きな色を集める（弁別）、並べるなど、実物を操作して遊ぶ中に、数量の認識の基礎が培われます。

　自分で使える話し言葉は、2歳ごろに300語程度といわれます。2歳半ばでは500語前後、3歳ごろで1000語近くになります。2歳前半では、「熱い」「きれい」「おいしい」など、単純な物の性質の理解とともにそれを言い表す言葉も使いはじめます。理解した語を表現できることもこの時期の特徴です（田中・田中、1984）。

　2歳後半になると「これ何」「何で」という形で大人に問うことが多くなります。この問いには、好奇心から尋ねる問いと、自分に答えが返ってくることを期待する問いがあるようです。大人が丁寧に答えることが大切です。

　1歳前後に芽生えだした自我は、2歳を超えてどんどん拡大します。「イヤ」「ダメ」「イラナイ」など、大人に対して自分の思いや要求を強く出しますが、子どもはこうしたやり取りの中で自己の内面性を豊かにしていきます。さらに、2歳後半では大人の手助けを拒否してわざわざ自分でやり直すなど、大人に反抗するようにみえる行動もとるようになります。物を分配するときには、自分の取り分が減っても他者に分け与える姿を見せるようになり、それまでに拡大してきた自我は充実期を迎えます。

2. 2歳児の室内の環境構成と遊びの援助

❶ 2歳児保育室の環境構成

● 全般的な配慮事項

　2歳児は、運動面でも認識面でも発達が進み、自分自身で身の回りのことをやりたがるようになり、実際にできることも増えてくる年齢です。この年齢では、生活においても、遊びにおいても、子どもが自分でできることを支える環境づくりが大切です。

　室内は、子どもの1日の生活動線を考慮し、生活スペースと遊びのスペースを構成していきます。登降園時や屋外に出る際の身支度も、ある程度大人の手助けは必要であるものの、子どもが自分自身でできるようになりつつある年齢です。この年齢では、子どもが自分で生活行為を行いやすいよう、環境からの支援が求められます。たとえば、登園時の身支度や屋外に出る前に靴下を履くときに使う着脱台をロッカー前に設けることで、子ども自身が身支度を整えやすくなります。無論、保育者も手伝う必要のあるところでは手を貸しますが、子ども自身が自分から行為しやすい環境を整えておくことで、子どもが基本的生活習慣を自分の行動として行うことを支えます。2歳児では、生活場面での保育者の援助が徐々に減少し、子どもの基本的生活習慣の確立へと向かっていきます。しかし、自分でできるようになったからといって、すべてを任せてしまうのは早計です。保育者は、子どもが自分でで

きていることを最後まで見守り、子どもが「自分でできた」ことを一緒に確認することが大切です。やがて、この確認も必要なくなるのです。

　子どもの生活動線に配慮することは、１歳児（既述）と同様です。手洗いから食事に至る動線や、生活から遊び、遊びから生活に向かう子どもの１日の動線に配慮して、生活空間と遊びの空間を設定します。

ごっこ遊び、机上遊び、積み木、絵本などのコーナーを
設ける

左側は身支度を整えるエリア、中央奥の食事の
エリアは手洗い（右端）からの動線がスムーズ

● **コーナーづくりの配慮事項**

　２歳児になると、粗大運動は屋外で行うことが基本となります。室内で体を動かすコーナーを設けるよりも、遊びのためのコーナーをより充実させることが大切です。また、平行遊びから他児の存在に気付き、まねをしたり他児に働きかけたりする姿が現れる年齢です。遊びのコーナーは、同時に複数の子どもが遊べる程度の広さを確保しましょう。

　ごっこ遊びでは、「〜のつもり」から、目の前の物を自分のイメージする物に見立てて扱う「見立て遊び」が楽しくなる年代です。野菜や果物などの具体物よりも、様々に見立てられる具材をたくさん用意します。色や形、そして素材も多種多様な物を用意しましょう。食器や調理用具はもちろん、食器洗い用スポンジや洗剤容器など、様々な生活道具があると、遊びが広がります。エプロンやバンダナなどの扮装用具、そして布類はたたんで人形の布団になったり、自分の体に巻き付けてスカートになったり、様々な遊び方が可能です。シンプルな物は遊び方を限定せず、子どもがどんどんイメージを広げていくことを支えます。

　手指の巧緻性が高まる２歳では、より細かな操作を楽しむようになります。子どもが様々な操作を楽しめるよう、おもちゃの種類をより豊富にそろえたいものです。指先を使う遊びのためのおもちゃは、単にパーツが小さいだけではなく、手指をどのように使うのかを想定することが大切です。たとえば紐通しなら、左右の手は別の動きをしながら互いに協同するとともに、紐の長さによっては腕も大きく伸ばす必要があります。複雑な身体の使い方が

求められる遊びといえます。

　積み木遊びでは、積み木を並べて道路に見立て、車を走らせるというように、複合的な遊び方を楽しむようになります。積み木の近くに車を置くなどしましょう。並べたり、積み上げたりすることを楽しみはじめるのもこの年齢です。同じ形の物をいくつも並べる、という遊びは数量の「長さ」を扱うとともに、「倍数」の直接的経験です。無論、子どもは掛け算も倍数も全く意識していませんが、こうした経験が数量を概念的に扱う教科である「算数」を理解するために必要な感覚を育みます。

　紙とペンやクレヨン、スタンプや折り紙、簡単に使える粘土などを用意して、簡易製作コーナーを設けることもあります。幼児期の「お絵描き」とは異なり、人物や形を描くわけではありませんが、いびつな丸をたくさん描いて「これ、み〜んなパパちゃん」などとお話しするのが楽しい年代です。ハサミは必ず保育者がいるときに使うようにします。

　絵本のコーナーは、できるだけ落ち着いて過ごせるような場所に設置しましょう。保育者に絵本を読んでもらうことも好きですが、自分で絵本を広げて読む（文字を読んでいるわけではありませんが、絵本の世界を楽しむ）ことも楽しい年齢です。絵本のコーナーにクッションなどの柔らかいものを置いて、くつろぎのコーナーと兼ねることも可能です。絵本は子どもの年齢に適したものを用意し、定期的に入れ替えます。多様な文化や人種、ジェンダーについて描かれている絵本も大切です。また、物語だけではなく、自然や科学に親しめるような題材の本も用意しましょう。

　積み木や具材などを色ごとに集めたり、並べたりすることを楽しみはじめるのがこの年齢

手指を使う遊びを様々に楽しめるよう、おもちゃはたくさんの種類と量を用意する

お世話遊びでは、靴（牛乳パック）を履き、おくるみで赤ちゃんを包んで「おでかけ」

ままごとコーナーには、お料理用の具材や調理道具を十分に用意する

です。この年齢では、いくつかの色の中から自分の好きな色だけを集めたり、同じ物をいくつもいくつも並べたりすることを楽しみます。青い皿に青い具材をのせるというように、物の色を合致させたり、形を手掛かりに「ともだち集め」として分けたりすることも楽しみます。色ごとに集めるのは「弁別」、色を合致させるのは「対応」、ともだち集めは「分類」です。この3つは算数のレディネスと呼ばれるもので、数的な操作ができるようになるための基礎となる能力です。これは、ワークブック上で経験するものではなく、具体的な物を扱う遊びを十分に楽しむ中で、経験し身に付けていくものです。これらを楽しみはじめるのが2歳頃です。しっかりと経験できるよう、十分な道具、つまり、おもちゃを用意することが大切です。

❷2歳児の遊びの援助

　子どもが遊びに没頭し、楽しみ、広がりはじめると、子ども同士の交流も生まれるようになります。2歳児の後半では、子どもたちが群れて遊ぶ「連合遊び」の形態が見られるようにもなります。連合遊びで子ども同士が一緒に遊んでいるとはいえ、そこに参加している子どもは自分がやりたいように遊びを楽しんでいる状態で、子ども自身の興味・関心が集団に向いているわけではありません。連合遊びは、協同遊びへの「橋渡し」といわれる重要なプロセスです。保育者が子どもの役割を決めて、遊びをリードし、「役割分担」を経験させる必要はありません。むしろ、十分に連合遊びを経験できるよう、環境を充実させましょう。

　子ども同士の交流が増えると、物や場所の取り合いや主張のぶつかり合いなどのトラブルも増加します。ある程度は子ども同士のぶつかり合いを見守ることも大切ですが、押す、蹴る、たたく、かみつくなど危険な行動は制止する必要があります。こういう場面では、保育者の仲立ちが非常に重要になります。仲立ちは、審判ではありません。子どもの言葉にならない心情に寄り添い、それを言語化して子ども本人とトラブルの相手に伝えていきます。そのうえで、やっていいこと、ダメなことをしっかりと伝えていきましょう。

3.2歳児の遊びの姿と保育内容（5領域）
ー3歳児以降の保育への移行を見通して

❶エピソード①からみる2歳児の姿

　以下のエピソードから、2歳児の姿や環境との関わりを読み取り、保育所保育指針の「5領域」との関連を考えてみます。

【エピソード①】
　最近のマユちゃん（2歳2か月）は、ドミノのおもちゃがお気に入りです。ドミノを置いたテーブルの前に座り、**倒れているドミノの底につながるボールを軽く握っ**

て引っ張り、ドミノを起こしていきます。途中で少し腰を浮かせ、ドミノに近付ける
ように上半身を前方に傾け、机に軽くひじをついて、遊びやすい姿勢を取りました
(a)。そして、並んだドミノの真ん中あたりから端に向かって一つずつ起こしていき
ましたが、一つ離れたドミノを立てた反動で、倒れていたドミノが跳ね返り、ここま
で立てたドミノがパタパタと倒れてしまいました (b)。マユちゃんは驚いて「あー」
と声を上げ、そばで見守っていた保育者と顔を見合わせ、にっこり笑うと (c)、ま
た真ん中寄りからドミノを立てはじめました。はじめは利き手を使っていましたが、
左側のドミノは左手で立てていきます (d)。二つ離れたドミノを立てたとき、さっ
きと同じことが起きて、今まで立ててきたドミノがみんな倒れてしまいました (e)。
カタカタ音を立てて倒れていくドミノを面白そうに眺めた (f) あと、そばにいる保
育者の顔を見て「あ～あ」と少し残念そうな (g) マユちゃん。保育者は頷いて「青

底につながるボールを
軽く引っ張って、ドミノ
を起こす

左側のドミノは左手を
使って起こしていく

両手を広げ、ドミノと同じく
らいの長さであることを体感

のドミノから立ててみたら？」とヒントを出してみました。マユちゃんは、「あお？」と答え、「あお。ねえ、どこ？」と言いながら (h) 左端にある青いドミノを見付けると、端から慎重に立てていきました。すべてのドミノが並んで立つと、マユちゃんは満足気にそれを眺めました。人差し指でそっと一つずつドミノをつついてみます (i)。さらに両手を広げてドミノを抱えるようなポーズ (j) をとったあと、最後に立てたドミノを押して、すべてのドミノを倒しました。カタカタ音を立ててドミノが倒れるのを嬉しそうに、満足げに眺めていました (k)。

　マユちゃんは再び一番端からドミノを立てはじめ、今度はスムーズにすべてのドミノを立てることができました。それを見ていたヒカルくんがドミノに触ろうとすると、マユちゃんはドミノが倒れないように台の両端をそっと持って自分の方に引き寄せ (l)、「ダメ！　マユがしてるの！」と、ヒカルくんに抗議 (m) しました。それでもドミノに向かおうとするヒカルくんのそばに近付き、保育者は「ドミノ、きれいに並んでるよね。今ね、マユちゃんはとっても真剣にドミノ立ててたんだよ」と語りかけました。

❷マユちゃんの活動を5領域から洞察

　マユちゃんは、担当保育者との情緒的絆をしっかりと結んでおり、安心して毎日の生活を送っています。自分でできることも、ずいぶん増えてきました。遊びや生活にマイペースで取り組んでいます。保育者に手助けしてもらうことが減少しても、保育者にまとわりついたりしないのは、基本的な安心感があるからです。これは、保育所保育指針「第2章　保育の内容」「2

> ### 1歳以上3歳未満児の保育の「5領域」
>
> ア　健康　　イ　人間関係
> ウ　環境　　エ　言葉
> オ　表現

1歳以上3歳未満児の保育に関わるねらい及び内容」「（2）ねらい及び内容」の「ア　健康」「（イ）内容－①保育士等の愛情豊かな受容の下で、安定感をもって生活をする。」や、「イ　人間関係」「（イ）内容－②保育士等の受容的・応答的な関わりの中で、欲求を適切に満たし、安定感をもって過ごす。」に該当します。(c) や (g) のように、遊びの中で突然予想外のことが起きても、保育者との視線や言葉の交流で安心を取り戻し、遊びに戻ることができます。

　遊びの中でのマユちゃんの行動を見ていくと、室内でのドミノ遊びの中でも (a) (d) (i) (j) (l) のように、身体を使って遊んでいることがわかります。激しい全身運動ではありませんが、(a) では、身体操作と平衡感覚を用いた重心の保持が必要になります。また、(d) のように、遊びの中で手を左右で協調的に使ったり、(h) では腕を大きく伸ばしたり、身体機能を存分に使う点は、「ア　健康」「（イ）内容－③走る、跳ぶ、登る、押す、引っ張るなど全身を使う遊びを楽しむ。」に通底します。

(i) (j) では、力を調整しながら物を操作するなど、身体機能を複雑に使っている様子もう

かがえます。身体機能は単に大きな動きだけで育つのではありません。大きな動きであれ、指先の細かな動きであれ、身体の各部位が協調や調整をしながら一つの動作や操作が可能になり、新たな機能を獲得していくことで発達のプロセスを進んでいきます。

　この場面でのマユちゃんの言動を見ていくと、（c）（g）（h）は保育者との交流です。（c）や（g）はマユちゃんの感嘆ですが、そこにある言外の心情をくみ取って保育者が応答している場面です。ここは、3歳未満児で重視される応答性が見て取れる場面です。（h）では、マユちゃんは保育者からかけられた言葉の一部を反復して答え、おしゃべりが続きます。保育所保育指針には、「第2章　保育の内容」「2　1歳以上3歳未満児の保育に関わるねらい及び内容」「（2）ねらい及び内容」の**「エ　言葉」「（イ）内容－①保育士等の応答的な関わりや話しかけにより、自ら言葉を使おうとする。」**とあります。マユちゃんのおしゃべりはこの内容に該当します。（c）（g）（h）に共通する保育者の態度に「子どもが集中している対象に、保育者も集中している」ことがあげられます。これは子どもの脳の発育に不可欠である豊かな言語環境を構成する「3つのT」の一つ「Tune In（チューン・イン）」（48～49頁参照、サスキンド ,D., 掛札訳、2018）です。言葉の発達に大人からの語りかけは不可欠ですが、子どもの興味・関心がないものについて、大人のペースで一方的に語りかける「言葉かけ」から、子どもは言葉を学べません。子どもが興味・関心を向けるものに大人も関心を向け、子どもと波長を合わせた大人との交流は、子どもが安心して言葉を学ぶために不可欠な環境です。

　（m）では、マユちゃんがヒカルくんの関与に対して、言葉と行動で応答しています。マユちゃんにとってこの場面で必要な言葉を使っています。保育者はヒカルくんの興味・関心も尊重しながら、仲立ちとなっています。主張がぶつかり合う2歳児では、保育者の仲立ちは欠かせませんが、ここでも保育者はヒカルくんの興味・関心を尊重し、そこに寄り添う「Tune In（チューン・イン）」を用いています。この場面は、**「イ　人間関係」「（イ）内容－④保育士等の仲立ちにより、他の子どもとの関わり方を少しずつ身につける。」**にも該当します。

　お気に入りのおもちゃで遊ぶマユちゃんの姿は、**「ウ　環境」「（イ）内容－②玩具、絵本、遊具などに興味をもち、それらを使った遊びを楽しむ。」**を体現しています。（b）（j）（l）などの姿からは、マユちゃんが何度も試行錯誤を繰り返すことを楽しんでいることがうかがえます。こうした姿は、**「ウ　環境」「（イ）内容－③身の回りの物に触れる中で、形、色、大きさ、量などの物の性質や仕組みに気付く。」**に該当します。とくに（j）では、自分の両手を広げた長さとストレートドミノの長さがほぼ同じであることを体感的に理解しています。これは、マユちゃん自身が身体像を獲得していることを前提に、対象物（ドミノ）と比較する、という長さ（数量）を扱う行動で、数の感覚の萌芽といえるものです。

　（b）（f）（i）などは、**「オ　表現」「（イ）内容－③生活の中で様々な音、形、色、手触り、動き、味、香りなどに気付いたり、感じたりして楽しむ。」**に合致する行動です。ドミノの動きや音、手触り、並んだときの形、倒れたときの形までもが楽しいのは、マユちゃんが興味をもって取り組み、それ自体が楽しい「遊び」だからです。遊びには、学びがあふれています。その基盤となるのは、特定の保育者との間に結ぶ情緒的絆です。

❸エピソード②からみる２歳児の姿

【エピソード②】

　手指遊びコーナーのテーブルの上に、ヒカルくん（２歳４か月）はフェルトのマットを敷きました。赤、青、黄色の３色です。青のマットを真ん中に敷き、右側に赤、左側に黄色のマットを広げたのですが、テーブルの幅が足りなくて、赤と黄色のマットの端が垂れ下がってしまいます。<u>垂れ下がったマットの反対側を引っ張って、青のマットと重ねてみましたが、どうしても両端が垂れ下がってしまいます。「もう。」憮然とした表情でつぶやくヒカルくん（a）</u>ですが、「足りないよね」と残念そうに答えた保育者の顔を見て、<u>「うん」と頷きました（b）</u>。そして、ヒカルくんは立ち上がって棚から具材用フェルトのかごを取り出し、テーブルに戻ってきました。

　かごの中には赤、青、黄色のフェルトでできた円と正三角形が入っています。<u>ヒカルくんはかごをしばらく眺めてから、赤い円のフェルトを取り出し、「あか」と言いながら赤いマットの上に置きました（c）。膝立ちの姿勢で少し体をひねり、上半身をかがめて（d）</u>、<u>「あか」と言いながらフェルトを取り出します（e）</u>。<u>手に取った赤い具材は、赤いフェルトのマットの上に置き、再びかごの方に向いて「あか」と言いながら具材を取り出し、赤いマットの上に置いていきます（f）</u>。

　マユちゃん（２歳２か月）も、おもちゃの棚から黄色の具材が入ったかごを取り出し、テーブルにやってきました。ヒカルくんの斜向かいに座り、<u>黄色のフェルトでできた円型の具材を、黄色のマットの上に置いていきます（g）</u>。ヒカルくんの手元のかごから赤の具材がなくなりました。<u>ヒカルくんはマユちゃんの様子をチラッと見てから、自分の手元のかごをのぞき込みました（h）</u>。そして、<u>「あお」</u>と言いながら残った具材の中

赤いマットに赤い具材、マットと具材の色を「対応」させる経験

平行遊びから他児との関わりが生まれる

から青い具材を取り出して、青いマットの上に置きました (i)。

　そばで遊んでいたサオリちゃん（2歳8か月）も、テーブルにやってきました (j)。マユちゃんの持ってきたかごに手を伸ばし、黄色の具材を黄色のマットの上に並べ始めます (k)。三角の具材を持ち替えようとしたとき、手が滑って具材がサオリちゃんのコットンのシャツにくっつきました。「あれれ！」サオリちゃんが驚いたような声を上げたので、ヒカルくんとマユちゃんもサオリちゃんのシャツに気が付きました。「サーちゃん、くっついたー！」「ナンダソレハー？」と嬉しそうに声をあげ、3人で笑い転げます (l)。「マユちゃんも！」と、マユちゃんが赤いフェルトの具材に手を伸ばしました (m)。それを見たヒカルくんはテーブルに身を乗り出して (n)、「ダメー、それはダメよー！」と、マユちゃんが持つ赤い具材を取り戻そうと (o) 手を伸ばしました。

3章
発達に応じた遊びの援助と遊び環境

❹ヒカルくんの様子を5領域から洞察

　ヒカルくん、マユちゃん、サオリちゃんは、それぞれの担当保育者をしっかり関係を結び、情緒的絆が形成されていることが、この場面の前提条件です。だからこそ3人は、安心して遊びに没頭することができます。ヒカルくんが自分のイメージ通りにマットを敷くことができなくて、ネガティブな心情に傾きかけたとき (a)、保育者がその心情に同調して代弁することで (b)、ヒカルくんは気持ちを立て直して遊びに入っていきました。これは、保育所保育指針「第2章　保育の内容」「2　1歳以上3歳未満児の保育に関わるねらい及び内容」「（2）ねらい及び内容」の**「ア　健康」「（イ）内容－①保育士等の愛情豊かな受容の下で、安定感をもって生活をする。」**や、**「イ　人間関係」「（イ）内容－②保育士等の受容的・応答的な関わりの中で、欲求を適切に満たし、安定感をもって過ごす。」**に該当します。

　ヒカルくんは、テーブルの上にフェルトマットを元の形のとおりに敷き詰めたかったようです (a)。しかし、テーブルの長さと面積が足りず、フェルトマットが余ってしまいました。これは、フェルトマットとテーブルという実物で、長い、短い、大きい、足りない、など長さや大きさ（ここでは面積）を扱う具体的な経験です。これは、保育所保育指針「第2章　保育の内容」「2　1歳以上3歳未満児の保育に関わるねらい及び内容」「（2）ねらい及び内容」の**「ウ　環境」「（イ）内容－③身の回りの物に触れる中で、形、色、大きさ、量などの物の性質や仕組みに気付く。」**に合致する経験です。（c）（e）（f）（g）（i）（k）で、子どもが行っていることは、具材とマットの色を手掛かりとした「対応」です。さらに、マットと具材を色別に分けて置いていく、という点は「分類」となります。「対応」や「分類」は、数量を操作できるようになるために必要な能力です。それらは「算数のレディネス」と呼ばれるもので、2～3歳にその萌芽が見られるようになります。この年齢で経験する「対応」や「分類」は、数量を扱うための基盤となる経験で、これらを十分に経験することが、盤石な「算数のレディネス」を形成し、小学校での教科学習を支えるものとなります。

　2017年の保育所保育指針の改定で、「幼児期の終わりまでに育ってほしい姿」として示

された10の姿の1つに「数量や図形、標識や文字などへの関心・感覚」があります。10の姿は、幼児期に入ってから育ちはじめるものではなく、3歳未満児の頃にはその萌芽がはじまっています。それは、ワークブックや「勉強」で修得するものではなく、遊びの中での具体的な経験によって体得するものです。遊びの中で、具体的に物を扱う経験は非常に重要です。おもちゃは娯楽のためのツールではなく、学びのための教材です。

　ここで使われたテーブルは、正座でも使える高さですが、側面が板で覆われています。子どもたちは動作がとりやすい膝立ちの姿勢をとっています。(d)(n)では、その姿勢から具材を扱うために上半身をひねったり、身をのり出したりなど、様々な身体操作を行っています。これらは、**「ア　健康」「(イ)　内容－③走る、跳ぶ、登る、押す、引っ張るなど全身を使う遊びを楽しむ。」**に通底します。

　(c)(e)(f)(i)で、ヒカルくんは自分が手にした具材の色とマットの色を確認するように「あか」「あお」と発話しています。言葉にすることが楽しい、ヒカルくんの姿は、**「エ　言葉」「(ア)　ねらい－①言葉遊びや言葉で表現する楽しさを感じる。」**に通底するものです。さらに(l)では、それぞれの子どもたちの発話から楽しい交流が生じました。これは**「エ　言葉」「(イ)　内容－⑥保育士等を仲立ちとして、生活や遊びの中で友達との言葉のやり取りを楽しむ。」**に通底します。

　ここでは、ヒカルくんがはじめた遊びにマユちゃんがやってきて、さらにサオリちゃんも同じように遊びはじめました。3人が同じように遊んでいますが、はじめはそれぞれが独立して遊んでいる「平行遊び」です。小さなハプニングから、子ども同士の交流が生まれました(l)。**「イ　人間関係」「(ア)　ねらい－②周囲の子ども等への興味や関心が高まり、関わりをもとうとする。」**とあり、**「(イ)　内容－③身の回りに様々な人がいることに気付き、徐々に他の子どもと関わりをもって遊ぶ。」**とあります。平行遊びから他児との関わりが生まれ、他児への関心をもつようになる2歳児の象徴的な場面といえます。

　フェルトマットと具材を使い、好きな物を好きな場所に置いて楽しむ姿(c)(f)(g)(i)(k)は、**「オ　表現」「(イ)　内容－③生活の中で様々な音、形、色、手触り、動き、味、香りなどに気付いたり、感じたりして楽しむ。」**活動です。

　2歳児では、身体操作はじめ言語の使用や思考、そして他児との関わりなどが、より活発に進みます。そうした「目に見える活動」の基盤となるのは保育者との情緒的絆に基づく安定した関係です。情緒的絆は目に見えるものではありませんが、重視されるべきものです。子どもの遊びの中には、5領域の保育内容が混在していることは、ここまでで示した通りです。子どもにとって遊びは目的ですが、遊びの中で経験する様々な内容は学びそのものといえます。3歳未満児であっても、遊びを通して得た直接的経験が、子どもの発達を支えます。この時期の経験は、幼児期の発達の基盤となり、さらに、「幼児期の終わりまでに育ってほしい姿」へとつながるものなのです。

引用文献
J. ピアジェ著、中垣啓訳『ピアジェに学ぶ認知発達の科学』p.10、北大路書房、2007.
D. サスキンド著、掛札逸美訳、高山静子解説『3000万語の格差』pp.129-137、明石書店、2018.
田中昌人・田中杉恵『子どもの発達と診断3　幼児期Ⅰ』pp.19-21、大月書店、1984.

第4章

育児担当制の
実際の進め方

0歳児クラスの日課と保育者のフォーメーション

育児担当制による保育の実際の場面を通して、0歳児クラスの保育者の役割分担と、保育者同士の連携、動きのフォーメーションを見てみましょう。

1.0歳児クラスの日課と保育者の役割分担

まずは、0歳児クラスの日課と、担当保育者の業務内容を見てみましょう。

■0歳児　子どもの日課・保育者の役割分担

子どもの日課									
名前	①	②	③	④	⑤	⑥	⑦	⑧	⑨
月齢	12か月	10か月	5か月	5か月	6か月	6か月	4か月	4か月	11か月
7：00									
8：00									
		45 登園							
9：00	00 登園	排泄			00 登園	00 登園	00 登園	00 登園	
	排泄	水分補給	30 登園	30 登園	排泄	排泄	排泄	排泄	
	水分補給	睡眠	排泄	排泄	遊び	遊び	遊び	40 ミルク	
10：00		排泄	睡眠	睡眠		睡眠	00 ミルク	睡眠	00 登園
		30 食事		排泄			睡眠	遊び	
		睡眠	排泄	50 ミルク		排泄	排泄		排泄
11：00	排泄		00 ミルク	睡眠		00 ミルク	遊び	睡眠	30 食事
			睡眠	排泄	排泄	睡眠	睡眠	排泄	睡眠
	食事	排泄	排泄		50 ミルク	排泄	排泄	遊び	
12：00	睡眠	遊び			睡眠	遊び	遊び	睡眠	
				排泄			睡眠	排泄	排泄
							排泄	40 ミルク	遊び
13：00	排泄				遊び	睡眠	00 ミルク	睡眠	
				排泄			睡眠	排泄	
		排泄	排泄	50 ミルク		排泄	排泄	遊び	
14：00		15 ミルク	00 ミルク	睡眠	排泄	00 ミルク	遊び	睡眠	排泄
	排泄	遊び	睡眠	排泄	30 ミルク			排泄	45 ミルク
	25 補食		排泄	睡眠	睡眠		排泄	遊び	遊び
15：00		排泄	睡眠	遊び	遊び	排泄	睡眠		
			遊び	排泄		睡眠		排泄	
			排泄					40 ミルク	
16：00				睡眠	睡眠		00 ミルク	遊び	排泄
		睡眠	排泄	排泄	排泄	排泄	遊び		遊び
		排泄	排泄						
17：00	00 降園	00 降園		00 降園		00 降園			
			30 降園		30 降園		30 降園	30 降園	

84

　０歳児では、月齢やそれぞれの発達の状態によって、子ども一人ひとりの一日の流れが大きく異なります。同じ時間に離乳食を食べている子もいれば、おむつ交換をしている子、午睡をしている子もいます。とくに最初のころは、全員がそろって機嫌よく過ごしている時間を見つけることのほうが難しいかもしれません。

　保育者は、一人ひとりの子どもに対してその日課が定着し、スムーズに流れるよう援助を行います。複数の子どもの日課の流れが異なるため、子どもを担当する保育者の援助の流れも異なります。同じ時間に複数の保育者が、それぞれ異なる動きをとることになるのは当然です。だからこそ、保育者間の連携が重要です。一見それは複雑に見えるかもしれません。子どもの日課がスムーズに流れるように、複数の保育者間の連携もスムーズに行われることが、育児担当制を行う秘訣となります。

　育児担当制における保育者間の連携とは、子ども集団が一つの活動を進めるため、別々の行動をとることではありません。一人ひとりの子どもの生活がスムーズに進むよう、それぞれの保育者が担当する子どもの援助を行いながら、実は互いにサポートしあう姿なのです。

　次頁から、実際の保育場面を通して、保育者たちの動きと連携の様子を見てみましょう。

保育者Ⓐ	担当：①②③④	副担当：⑩⑪⑫
保育者Ⓑ	担当：⑤⑥⑦⑧	副担当：①②③
保育者Ⓒ	担当：⑨⑩	副担当：④⑤⑥
保育者Ⓓ	担当：⑪⑫	副担当：⑦⑧⑨

⑩	⑪	⑫	保育者の役割分担			
⑩	⑪	⑫	保育者Ⓐ（7:00～）	保育者Ⓑ（8:30～）	保育者Ⓒ（9:30～）	保育者Ⓓ（10:30～）
10か月	11か月	9か月				
			出勤			
			早朝保育			
	00登園		各クラスに移動			
	排泄		⑪排泄	30出勤、伝達を受ける		
	遊び	00登園	①②排泄			
20登園	水分補給	排泄	①②⑪水分補給、⑫排泄	担当児順次排泄	30出勤、伝達を受ける	
排泄・水分補給		水分補給	③④排泄、⑫水分補給	⑧ミルク	⑩排泄、水分補給	
		睡眠	②排泄	⑦ミルク、⑥⑧睡眠		
30食事			②食事、④排泄	遊びを見る	⑩食事睡眠、睡眠を見る	出勤・伝達、遊びを見る
睡眠	排泄	排泄	④ミルク、③①排泄	⑦排泄、⑥排泄	⑨排泄	⑪⑫順次排泄
	10食事	遊び	③ミルク	⑥ミルク、⑤排泄	⑨食事、睡眠	⑪食事
		30ミルク	①食事、④排泄	⑧排泄、⑤ミルク	睡眠を見る	⑫ミルク
排泄			③排泄、②排泄	⑦⑥排泄	⑩排泄	
遊び	睡眠	睡眠	昼食、育児日記	昼食、育児日記	遊びを見る	睡眠を見る
			睡眠を見る、④排泄	⑤⑧排泄	⑨排泄	昼食
		排泄		⑧ミルク、⑦排泄	昼食、育児日記	睡眠を見る　⑫排泄
	排泄	遊び	①排泄	⑦ミルク		⑪排泄
		遊び	休憩	休憩	④排泄	育児日記
排泄			④ミルク、②③排泄	⑧⑦⑥排泄	⑩排泄	
15ミルク		排泄	③②順次ミルク	⑥ミルク、⑤排泄	⑩ミルク、⑨排泄	⑫排泄
遊び	排泄		①排泄、補食、④排泄	⑤ミルク、⑧排泄	⑨ミルク	⑪排泄
	35補食	45ミルク	③排泄	⑦排泄	休憩	⑪補食、⑫ミルク
	遊び		退勤	②⑥排泄	遊びを見る	休憩
		睡眠		⑧排泄	④排泄	⑫睡眠を見る
排泄	排泄			⑧ミルク、⑦③排泄	⑩排泄	⑪排泄
		遊び		⑦ミルク	⑨排泄	
30降園		排泄		⑤⑥順次排泄	④排泄	⑫排泄
				退勤	②③排泄	
	排泄					⑪排泄

＊表の中の数字は分を表す

2. 0歳児クラスの保育者のフォーメーション

　0歳児クラスの子どもと保育者の動きを時系列で見てみましょう。以下は、ある日の0歳児クラスの例を模式的に示したものです。

　「おはよう」つぼみ組（0歳児）の朝は、保育者2名の体制から始まります。保育者は登園してくる子を迎えたり、子どもたちの遊びをサポートしたりします。

　Ｂ保育者が、登園の早かった①ちゃんのおむつ交換に向かいます。その間、保育室の子どもたちはＡ保育者と一緒に過ごします。子どもたちは、それぞれ好きなおもちゃを出して遊んでいます。

B保育者が①ちゃんと保育室に戻ってきました。**A**保育者は②ちゃんのおむつ交換に向かいます。その間は、**B**保育者が室内の子どもの遊びをサポートします。

②ちゃんと保育室に戻ってきた**A**保育者は、③ちゃんをトイレに誘います。室内では、**B**保育者が子どもの遊びを見ています。子どもたちはそれぞれ好きな遊びを楽しんでいます。

排泄を終えた③ちゃんと保育室に戻ってきた🅐保育者は、次に④ちゃんを排泄に誘いました。🅐保育者がトイレから戻ってくると、🅒保育者が出勤していて、⑤ちゃんのおむつ交換に向かいます。

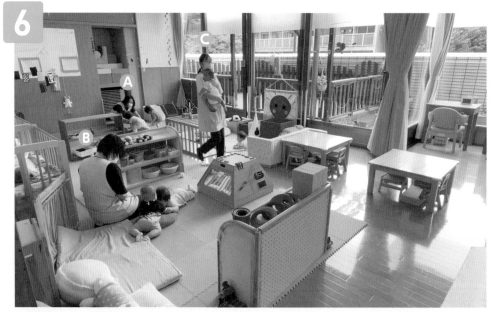

🅐保育者と🅑保育者は、室内で子どもの遊びをサポートしています。⑤ちゃんのおむつ交換を終えた🅒保育者は、⑥ちゃんのおむつ交換に向かいます。

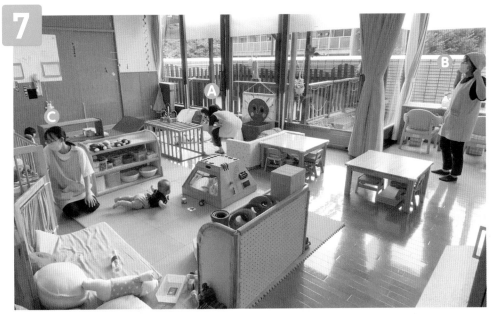

❸保育者が、バンダナを着けています。食事（授乳）の合図です。①ちゃんの授乳準備を始めました。❹保育者と❸保育者は、子どもの遊びをサポートしています。

❸保育者は①ちゃんの授乳のため、二人でいつものテーブルに着きます。❹保育者は④ちゃんに見えるようにバンダナを着け、授乳タイムを知らせます。

Ⓐ保育者は④ちゃんの授乳のため、テーブルに着きます。Ⓑ保育者の授乳も続いています。
Ⓒ保育者が室内の子どもを見ています。低月齢児は午前睡をとる子もいます。

授乳を終えたⒶ保育者は、④ちゃんを遊びコーナーに送ったあと、遊びのサポートに入
ります。Ⓑ保育者も授乳を終えました。Ⓒ保育者は午前睡から目覚めた⑦ちゃんの様子
を見ています。

🄲保育者は⑦ちゃんのおむつ交換に向かいます。🄰保育者と🄱保育者は、室内で子ども
たちの遊びを見ています。高月齢の子どもたちは、自分で選んだ遊びを楽しんでいます。

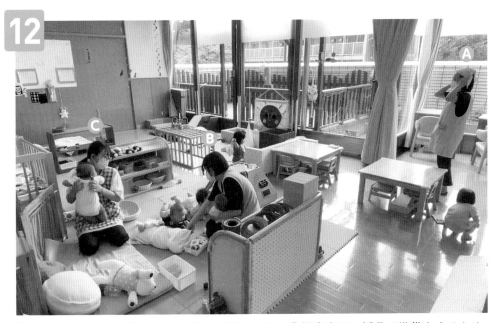

⑦ちゃんのおむつ交換を終えて室内に戻ってきた🄲保育者は、授乳の準備をするため、
⑦ちゃんを🄱保育者に託します。🄰保育者がバンダナを着けて、③ちゃんの朝のおやつ
の準備に入ります。

4
章

育児担当制の実際の進め方

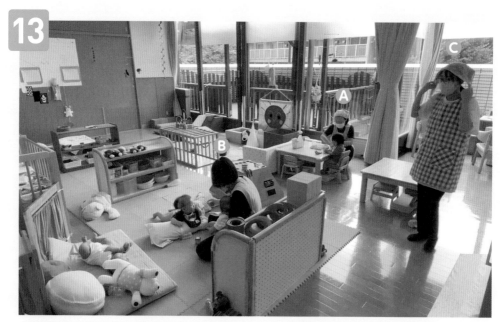

Ⓐ保育者と③ちゃんは朝のおやつを始めました。Ⓒ保育者はバンダナを着けて、⑦ちゃんの授乳準備に入ります。Ⓑ保育者が子どもたちの遊びを見ています。

Ⓒ保育者は、⑦ちゃんの授乳を開始しました。③ちゃんのおやつが終わり、Ⓐ保育者は遊びのサポートにまわります。別の遊びコーナーでは、Ⓑ保育者が子どもたちの遊びをサポートしています。

⑦ちゃんの授乳が終わりました。そのタイミングで D 保育者が出勤しました。子どもたちは室内で好きな遊びを楽しんでおり、A 保育者と B 保育者が、それをサポートします。

C 保育者は、⑤ちゃんの授乳に入ります。B 保育者は①ちゃんのおむつ交換に向かいました。室内で遊ぶ子どもたちは、A 保育者と D 保育者がサポートします。

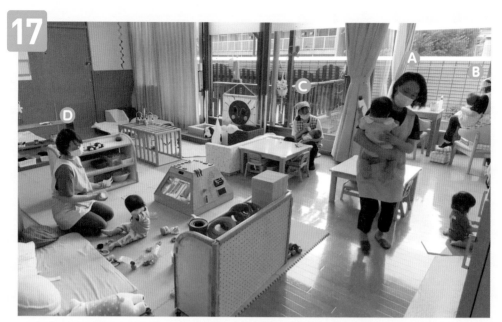

おむつ交換を終えた①ちゃんと⑧保育者は離乳食を開始しました。⑨保育者は、⑤ちゃんの授乳を続けています。⑨保育者は、②ちゃんとおむつ交換に向かいました。

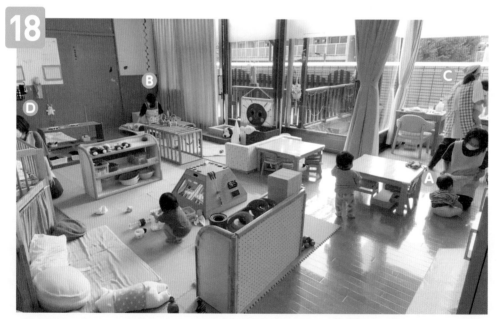

⑨保育者と⑥ちゃんは離乳食のテーブルに向かいます。⑨保育者はバンダナを出して、②ちゃんを離乳食に誘います。離乳食援助を終えた⑧保育者は子どもの午睡についています。室内の遊びは⑨保育者が見ています。

❸保育者は⑥ちゃんと、❹保育者は②ちゃんと離乳食を始めました。❷保育者は、入眠する子どもについています。室内では、子どもたちが好きな遊びを楽しむのを、❹保育者がサポートしています。

離乳食を終えた⑥ちゃんをベッドに連れていってから、❸保育者は⑧ちゃんと離乳食のテーブルに向かいます。❹保育者と②ちゃんの離乳食は終わりかけです。❷保育者の休憩カバーに❺保育者が入室しました。

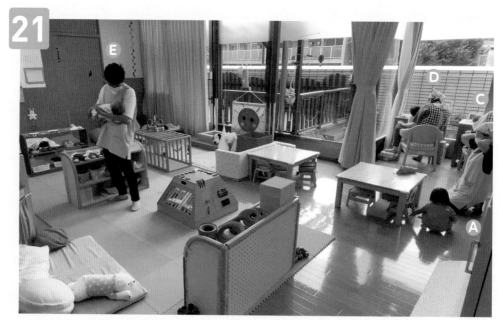

ⓒ保育者と⑧ちゃんの離乳食が始まりました。**ⓓ**保育者と⑨ちゃんの離乳食も始まりました。②ちゃんの離乳食を終え、**Ⓐ**保育者は③ちゃんの前でバンダナを装着し、離乳食に誘います。室内では、午睡中の子どもと遊んでいる子がいます。目を覚ました子を**Ⓔ**保育者があやしています。

Ⓐ保育者と③ちゃんの食事が始まりました。**ⓒ**保育者と**ⓓ**保育者も食事の援助を続けています。室内では**Ⓔ**保育者が目を覚ました子どもと穏やかにお話ししています。

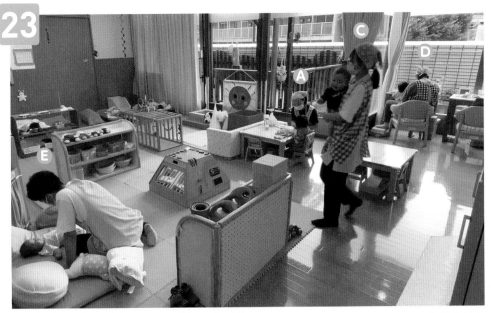

23

●保育者と⑧ちゃんの離乳食が終わり、遊びコーナーにやっていきました。Ⓐ保育者とⒹ保育者は、食事援助を続けています。

まとめ

　0歳児では、一人ひとりの流れる日課をしっかりと確立することが大切です。子どもたちの月齢差も大きく、生活時間が異なることは当然です。一人ひとりの流れる日課に沿って援助を行うため、同じクラスにいても、保育者の行動はそれぞれ異なります。自分の担当する子どもだけではなく、クラスの子どもたち一人ひとりの流れる日課と担当保育者の援助の流れを把握しておくことは、お互いをサポートし合うために、とても重要です。

　一人ひとりの子どもの日課が異なるため、保育者同士が別の動きをとることは、むしろ自然なことといえます。子どもたちは、それぞれの日課の流れで生活することで、生活や遊びの場面で急かされたり、中断されたりすることなく、十分に活動を楽しむことができます。育児担当制は、子どもが自分のペースで生活し、遊ぶことを保障するものです。

2 1歳児クラスの日課と保育者のフォーメーション

育児担当制による保育の実際の場面を通して、1歳児クラスの保育者の役割分担と、保育者同士の連携、動きのフォーメーションを見てみましょう。

1. 1歳児クラスの日課と保育者の役割分担

まずは、1歳児クラスの日課と、担当保育者の業務内容を見てみましょう。

■ 1歳児　子どもの日課・保育者の役割分担

子どもの日課									
名前	①	②	③	④	⑤	⑥	⑦	⑧	⑨
歳／月齢	1.10	1.8	1.7	1.5	1.3	1.3	2	1.10	1.5
7：00									
8：00	00 登園		00 登園	00 登園			00 登園		
	検温	30 登園	検温	検温			検温		
	遊び	検温	遊び	遊び			遊び		
9：00		遊び			00 登園	00 登園		00 登園	00 登園
	水分補給	水分補給	水分補給	水分補給	検温	検温	水分補給	検温	検温
					遊び	遊び		遊び	遊び
10：00	00 排泄	10 排泄	00 排泄	05 排泄				水分補給	水分補給
				30 食事	15 排泄	20 排泄	45 排泄		30 排泄
			50 食事	睡眠	遊び	遊び	遊び	50 排泄	
11：00	10 食事	30 食事	睡眠					遊び	00 食事
	睡眠	睡眠					30 食事		睡眠
						50 食事	睡眠	45 食事	
12：00				10 食事	睡眠			睡眠	
				睡眠					
13：00									起床
									排泄
		30 起床		20 起床					遊び
14：00	排泄	30 起床	排泄	20 起床	10 起床	10 起床	起床		
	遊び	40 補食	遊び	排泄	排泄	排泄	排泄	起床	
	40 補食	排泄	30 補食	30 補食	50 補食	50 補食	遊び	排泄	50 補食
15：00		遊び	遊び	遊び	遊び	遊び	30 補食	遊び	遊び
	遊び						遊び		
								50 補食	排泄
16：00					10 排泄	10 排泄		遊び	
			20 排泄	20 排泄					30 降園
	30 排泄	30 排泄						排泄	
17：00									

　1歳児では、食事や着脱などの生活行為に子ども自身が参加できるようになります。無論、自分ですべてをできるわけではないので、一部でも子どもが自分でできるところは子どもに任せ、できないところは保育者と一緒に行えるよう、保育者が援助します。このとき、子どもだけでできないところを大人が「代わりに行う」だけではなく、子どもがそこに意識を向けて、保育者と一緒に行うことが大切です。モデルを見せるときにも、一緒に行為を行うときにも、保育者は言葉と行為を一致させ、子どもの理解を促しながら援助を行います。

　1歳児では、着脱や排泄など、実際は保育者が多くの援助を行うことになるのですが、そのときに子どもの意識を行為に向けることが大切です。現時点で保育者が手助けしていることは、やがて子どもが自分で行うことになるからです。また、この時期の子どもは、行為の中の一つひとつの動作のたびに保育者を見て「動作したこと」を確認します。たとえば、食事のときに、スプーンを使って自分で食べ物を口に入れた、自分で口を拭いた、など時間にするとごくわずかな些細な動作です。そうした子どもの発信にしっかりと応えることが、子どもが自分で行為を行う自信を支えていきます。

　次頁から、実際の保育場面を通して、保育者たちの動きと連携の様子を見てみましょう。

保育者Ⓐ	担当：①②③④⑤	副担当：⑪⑫⑬⑭
保育者Ⓑ	担当：⑥⑦⑧⑨⑩	副担当：①②③④⑤
保育者Ⓒ	担当：⑪⑫⑬⑭	副担当：⑥⑦⑧⑨⑩

⑩	⑪	⑫	⑬	⑭	保育者Ⓐ（9:00〜）	保育者Ⓑ（8:30〜）	保育者Ⓒ（10:00〜）
1.5	1.3	1.3	1.11	1.5			
00 登園	00 登園						
検温	検温						
遊び	遊び					30 出勤、朝礼	
水分補給	排泄				出勤、伝達を受ける	遊びを見る	
	水分補給	30 登園			⑪排泄	水分補給を補助する	
排泄	検温				水分補給を補助する	⑩排泄	
遊び	15 排泄	遊び	00 登園	15 登園	①②③④⑤排泄		出勤・伝達を受ける
	水分補給	排泄	検温		④③順次食事	⑥⑨⑦⑧排泄	⑪⑬排泄
	30 食事	遊び	遊び		①食事	遊びを見る	⑪食事
10 食事	睡眠	排泄			②食事	⑨⑩食事	遊びを見る
睡眠		20 食事	排泄	排泄	遊びを見る	⑦食事	⑫⑬⑭排泄
		40 食事	30 食事			⑧⑥食事	⑫⑭⑬食事
		睡眠	睡眠		⑤食事		睡眠を見る
		睡眠			昼食		
					トイレ掃除	昼食	
	起床				育児日記記入	育児日記記入	
起床	排泄						⑪排泄
排泄	遊び					⑨⑩排泄	休憩
遊び		起床	起床		①③排泄	休憩	育児日記記入
	30 補食	起床	排泄	排泄・検温	④⑤排泄		⑪補食
		排泄		50 補食	順次補食	⑦⑥⑧排泄	⑬⑭排泄
10 補食	排泄	遊び	10 補食	遊び	②排泄	⑥⑨⑩⑦補食	⑫排泄、⑭⑬補食
排泄	遊び		遊び		休憩（日誌）	⑩⑨排泄	⑪排泄
遊び			排泄		遊びを見る	⑧補食	⑬排泄
		00 補食	遊び			⑤⑥排泄	⑫補食
		遊び		排泄	⑤③④①②排泄	⑧排泄	⑭排泄
					遊びを見る	退勤	遊びを見る
		排泄					⑫排泄

＊表の中の数字は分を表す

2.1 歳児クラスの保育者のフォーメーション

1歳児クラスの子どもと保育者の動きを時系列で見てみましょう。以下は、ある日の1歳児クラスの例を模式的に示したものです（実際にはクラスには子どもが18人、保育者が4人いますが、わかりやすくするために、登場する人数は減らしてあります）。

「おはよう」朝のうめ組（1歳児）は保育者3人の体制から始まります。子どもたちは、室内で自分で選んだ遊びを楽しんでいます。

🅐保育者がおやつの準備に入ります。子どもたちは、遊びを続けています。遊び自体を止められることがないので、子どもは落ち着いて遊びに没頭することができます。

A保育者と**B**保育者は、それぞれのテーブルでおやつを始めます。テーブルには、保育者と子ども二人が着きます。室内の子どもたちの遊びは、**C**保育者がサポートしています。

A保育者のテーブルで、①ちゃんのおやつが終わったのを見て、自分の番に気付いた③ちゃんがやってきました。隣のテーブルでは、⑤ちゃんのおやつが終わったので、**B**保育者が⑥ちゃんを誘いに行きました。

Ⓐ保育者のテーブルでは、おやつが終わりました。室内の子どもたちは、自分の番が来たらテーブルに来るので、それぞれ落ち着いて遊んでいます。子どもたちの遊びは、Ⓒ保育者がサポートしています。この後、Ⓒ保育者も担当する子どものおやつを援助しますが、ここでは割愛します。

おやつが終わりました。子どもたちは室内で好きな遊びを楽しんでいます。Ⓑ保育者が、④ちゃんとトイレに向かいます。

7

Ⓑ保育者が排泄後に着替えを済ませた④ちゃんと、室内に戻ってきました。室内の子どもたちの遊びは、他児の活動のために中断されることなく、続いています。

8

Ⓑ保育者は、⑤ちゃんとトイレに向かいます。室内の子どもたちは、それぞれの遊びを楽しんでおり、それをⒶ保育者とⒸ保育者がサポートします。

9 ⒝保育者の排泄援助が続きます。その間、保育室内では、子どもたちがそれぞれに遊びを楽しんでいます。それをサポートしているのは⒞保育者と⒜保育者です。

10 ⒜保育者は、一人ずつ排泄の援助を進めていきます。保育室内の子どもたちは、遊びを阻害されたり中断されたりすることなく、落ち着いて遊ぶことができます。

⑪保育者は、順次排泄の援助を進めていきます。子ども自身が、自分は誰の次にトイレに行くかもわかっていて、室内に戻ってきたら遊びの続きが楽しめることもわかっているので、スムーズに行動できます。

⑫保育者の排泄援助はそろそろ終了です。大好きな保育者とトイレに行くことは、子どもにとって単なる排泄ではなく、保育者とのやり取りを楽しむひと時でもあります。

4 章

育児担当制の実際の進め方

13 ⑧保育者の排泄援助は終了です。室内では子どもたちが、めいめい好きな遊びを選んで楽しんでいます。この後、⑥保育者が排泄援助に入ります。

14 昼食の時間が近付きました。⑧保育者と⑧保育者は子どもたちに見えるようにバンダナを着け、「お昼ご飯が始まりますよ」のサインを発しています。

食事前の手洗いは、保育者が見本を見せながら、子どもと一緒に行います。Ⓐ保育者と
最初に食事をする①ちゃんが手洗いを始めます。

Ⓐ保育者のテーブルでは①ちゃん、Ⓑ保育者のテーブルでは④ちゃんから食事がスタート
します。室内の子どもたちは、他児の食事が始まっても、自分がいつ食事をするかが
わかっているので、落ち着いて遊んでいます。

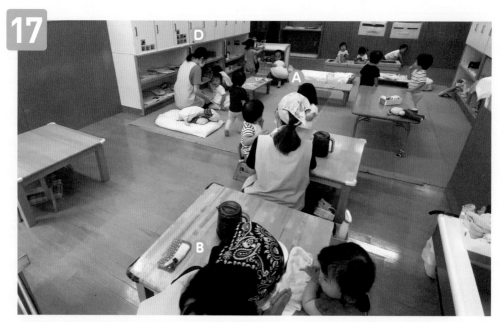

遅番の🅓保育者が出勤し、子どもたちの遊びのサポートに入ります。🅑保育者のテーブルでは、④ちゃんが食事を終えました。「ごちそうさま」。

食事を終えた④ちゃんはコットで午睡を始めます。🅑保育者のテーブルには⑤ちゃんがやってきて食事を始めます。🅐保育者のテーブルでは、①ちゃんの食事が終わり、②ちゃんの食事が始まりました。

Ⓐ保育者のテーブルでは②ちゃんが食事を終え、③ちゃんの食事が始まります。Ⓑ保育者のテーブルでも、⑤ちゃんの食事が終わり、⑥ちゃんの食事が始まりました。

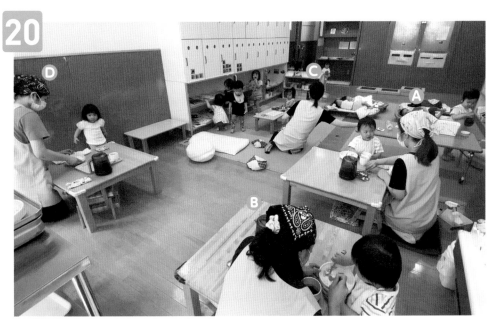

Ⓓ保育者が食事の用意を始めました。室内では、食事をする子ども、午睡に入った子ども、遊んでいる子どもがいます。Ⓒ保育者は午睡の子どもの様子を見ながら、遊びをサポートしています。

⑦ちゃんがテーブルに着き、 保育者は食事の援助を始めます。 A保育者のテーブルでは③ちゃんの食事が終わり、⑧ちゃんの食事が始まりました。B保育者のテーブルでも⑥ちゃんの食事が終わり、⑨ちゃんがやってきました。E保育者がサポートで入ります（早朝出勤だったC保育者の休憩カバー）。

D保育者のテーブルでは、⑦ちゃんの食事が終わりました。B保育者のテーブルには、⑩ちゃんも食事に加わります。A保育者のテーブルでは、⑧ちゃんの食事が進んでいます。

D 保育者のテーブルで、⑪ちゃんの食事が始まりました。**A** 保育者のテーブルでは⑫ちゃんが食事を始めました。**B** 保育者のテーブルで食事を終えた⑨ちゃんは、午睡に入りました。室内には、食事をとる子ども、午睡を始めた子ども、遊んでいる子どもがいて、**E** 保育者が、子どもの遊びを見ています。

まとめ

　1歳児は0歳児と配置基準が異なり、一人の保育者が担当する子どもの数が0歳児の3人に対して1歳児では6人となり、正に倍増します。しかし、1歳児の生活場面でも0歳児と同様に、保育者の援助は絶対に必要です。この条件下で育児担当制を進めていくには、子ども一人ひとりの流れる日課とともに、保育者間でのサポートが不可欠となります。それぞれが担当する子どもたちの流れる日課を確認し、サポートが必要な個所、誰が、どんな時にサポートをするかを確認します。それは時刻ではなく、援助の流れによって決まるため、保育者は自分の担当する子どもだけではなく、他の保育者の動きにも意識を向けることが求められます。このような保育者間の協働によって、毎日の生活の中で一人ひとりの流れる日課が守られます。それは、子どもが遊びに没頭できる時間を守ることと同義です。

③ 2歳児クラスの日課と保育者のフォーメーション

育児担当制による保育の実際の場面を通して、2歳児クラスの保育者の役割分担と、保育者同士の連携、動きのフォーメーションを見てみましょう。

1. 2歳児クラスの日課と保育者の役割分担

まずは、2歳児クラスの日課と、担当保育者の業務内容を見てみましょう。

■ 2歳児　子どもの日課・保育者の役割分担

子どもの日課									
名前	①	②	③	④	⑤	⑥	⑦	⑧	⑨
歳／月齢	2.10	2.6	2.4	2.4	2.3	2.11	2.5	2.3	2.4
7：00								朝食	
				15 朝食	朝食		朝食		
	30 朝食	30 朝食							
8：00			00 朝食			朝食		00 登園	起床
				20 登園	20 登園			遊び	朝食
				遊び	遊び				
9：00	15 登園	00 登園	00 登園						
	遊び	遊び	遊び				30 登園		
							遊び		
10：00						00 登園	15 排泄	00 排泄	30 登園
		25 排泄		20 排泄	20 排泄	遊び	遊び	遊び	遊び
		遊び	遊び	遊び	遊び	45 食事	45 食事	45 食事	
11：00	00 排泄		00 排泄	15 食事	15 食事	05 排泄	睡眠		05 排泄
	15 食事		遊び	睡眠	睡眠			睡眠	15 食事
		35 食事	35 食事						
12：00			睡眠						
									30 睡眠
	睡眠	睡眠							
13：00				起床		睡眠	起床	起床	
				30 排泄			45 排泄	30 排泄	起床
		起床		遊び	起床		遊び	遊び	
14：00	起床	10 排泄	起床		00 排泄	起床	00 補食	00 補食	
	15 排泄		15 排泄		05 補食	20 排泄	遊び	遊び	20 排泄
	20 補食	20 補食	20 補食	20 補食	遊び	補食			30 補食
	遊び	遊び	遊び	遊び		遊び			遊び
15：00				00 排泄			15 排泄	00 排泄	
				遊び			遊び	遊び	45 排泄
			排泄		40 排泄				遊び
16：00	15 排泄	00 降園			遊び	20 排泄			

2歳児は、自分でできることがずいぶん増えてきます。「自分でできる！」という子どもなりのプライドと、「甘えたい」気持ちの間で葛藤する時期でもあります。

食事や着脱などで、子どもが自分でできることが増えますが、できないところをスキップして不十分な状態を「できた」と思ってしまうことも、しばしば起こります。子どもの意欲を尊重することは大切です。しかし、不完全な状態を「完成」としてしまうと、基本的生活習慣の獲得にはつながりません。この年齢では、まだ少しだけ子どもができないところを手助けしたり、子どもが見過ごしがちなところに意識を向けたりするような援助が必要です。

子どもが自分でできることは、子どもに任せますが、保育者がそれを確認し、見守る援助も大切です。「できることは子どもに任せる」ことは、行為をすべて子どもに丸投げすることではありません。2歳児は、基本的生活習慣を獲得する直前の時期です。子どもが基本的生活習慣を獲得するまで、しっかりと見届けましょう。いつもはできることを「できない」と言って甘える日もあります。子どもの心情と状況を読み取りながら受け止めると、子どもが安心し、自分でやろうとする姿が現れます。

次頁から、実際の保育場面を通して、保育者たちの動きと連携の様子を見てみましょう。

保育者Ⓐ	担当：①②③④⑤	副担当：⑦⑧⑨⑬
保育者Ⓑ	担当：⑥⑦⑧⑨	副担当：④⑤⑩⑪⑫
保育者Ⓒ	担当：⑩⑪⑫⑬	副担当：①②③⑥

⑩	⑪	⑫	⑬	保育者の役割分担		
				保育者Ⓐ（7:00〜）	保育者Ⓑ（8:30〜）	保育者Ⓒ（9:00〜）
3.1	2.8	2.6	2.3	出勤、伝達を受ける		
	登園	00 起床		早朝保育準備		
	遊び			換気、消毒		
		朝食		受け入れ、検温		
			朝食	健康観察		
00 朝食				子どもと遊ぶ		
				30 保育室移動	30 出勤、伝達を受ける	
					子どもの健康観察や検温	
00 登園	00 排泄	00 登園	00 登園	水分補給を行う	遊びを見る	出勤、伝達を受ける
遊び			遊び	遊びを見る	⑪排泄	
						遊びを見る
					⑧⑦排泄	コット準備
				⑤④②排泄	コット準備	
	50 排泄	50 排泄	50 排泄	コット準備	⑥⑦⑧食事	⑪⑫⑬排泄
00 排泄	10 食事	10 食事	10 食事	③①排泄	⑥⑨排泄、⑨食事	⑩排泄、⑪⑫⑬食事
30 食事	30 睡眠	30 睡眠		①④⑤食事、睡眠	昼食	⑩食事・睡眠
			40 睡眠	②③食事、睡眠	育児日記、日誌	
睡眠				昼食	休憩	
				休憩	遊びを見る	育児日記、日誌
				育児日記、日誌		昼食、休憩
						トイレ掃除
	起床	起床		④排泄	⑧⑦排泄	⑪⑫⑬⑩排泄
起床	45 排泄	45 排泄	50 排泄		遊びを見る	遊びを見る
10 排泄	00 補食	00 補食	00 補食		⑦⑧補食	⑪⑫⑬補食
20 補食	遊び	遊び	遊び	⑤②③①排泄	⑥⑨排泄、補食	⑩排泄
				⑤①②③④補食	遊びを見る	⑩補食
遊び				④排泄		遊びを見る
				ゴミ集め、退勤	⑧⑦⑨排泄	
	30 排泄	30 排泄			水分補給を行う	⑪⑫⑩⑬②排泄
50 排泄	遊び	遊び	50 排泄		⑤排泄、遊びを見る	遊びを見る
						①⑥排泄

＊表の中の数字は分を表す

2.2 歳児クラスの保育者のフォーメーション

　2歳児クラスの子どもと保育者の動きを時系列で見てみましょう。以下は、ある日の2歳児クラスの例を模式的に示したものです（写真には常に保育者全員、子ども全員が写っているわけではありません）。

1

きく組（2歳児）に、順次子どもが登園します。Ⓐ保育者は、①ちゃんを朝のおやつに誘います。Ⓐ保育者と一緒に手洗いを済ませた①ちゃんが、いつも自分が座る席に着きます。

大好きな保育者に駆け寄って「おはよう！」

2

①ちゃんのおやつが始まりました。Ⓐ保育者が担当する①ちゃん以外の子どもたちは、他の保育者と一緒に室内で遊んでいます。

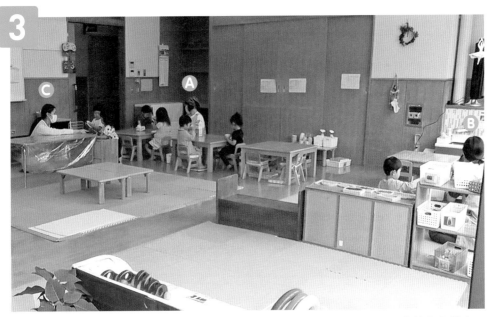

自分のおやつの番になった子どもがテーブルにやってきました。おやつを終えた①ちゃんはテーブルを離れ、保育者はやってきた自分の担当する子どもたちのおやつを援助します。

🅐保育者のテーブルでは、おやつを終えた子どもは室内の遊びに向かい、次の子どもたちのおやつが始まりました。🅑保育者と🅒保育者が室内の遊びをサポートしています。

おやつを終えた子どもたちは、室内で好きな遊びを始めます。Ⓐ保育者の担当する子どもたちのおやつが終わりかけるころ、Ⓑ保育者は②ちゃんをおやつに誘い、手洗いの援助を始めました。

「次はワタシの番だ！」と気付き、嬉しそうにやって来ました

Ⓑ保育者と②ちゃんがテーブルに着くと、自分の番だとわかった③ちゃんがやってきました。Ⓐ保育者は、おやつの片付けを始めました。

7

②ちゃんと③ちゃんは⑧保育者とおやつの時間です。Ⓐ保育者は、おやつの片付けを終え、遊びの援助に入りました。子どもたちは自分の好きな遊びを楽しんでいます。

8

子どもたちは室内で自分の好きな遊びを楽しんでいます。⑧保育者は、時間を見計らって②ちゃんをトイレに誘います。「そろそろオシッコ行く？」。

4章
育児担当制の実際の進め方

②ちゃんと⑧保育者はトイレに行きました。子どもたちは保育室内で、自分の好きな遊びを楽しんでいます。排泄に行くため、遊びを中断したり、必要以上に待たされたりすることはありません。

⑧保育者とトイレから戻った②ちゃんは、好きな遊びを始めました。⑥保育者は担当の子ども二人とトイレに向かいます。⑥保育者が担当する他の子どもたちは、室内で遊んでいます。

Ⓐ保育者が三角巾として使うバンダナを広げました。給食の準備に入るサインです。最初に給食を食べる子どもたちは、遊びを終え、手洗いに向かいます。

Ⓐ保育者は最初に食事をする④ちゃん、⑤ちゃんの手洗いの援助を行います。子どもたちの様子を見ながら、Ⓒ保育者はお昼寝ベッドの用意を始めました。時間に合わせて必要な台数を用意します。

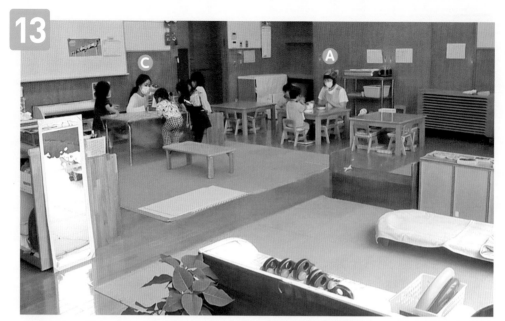

Ⓐ保育者と④ちゃん、⑤ちゃんの給食が始まりました。保育者は子ども二人の様子を見ながら、必要なところで的確に援助を行います。子どもからのサインを見落とすこともありません。

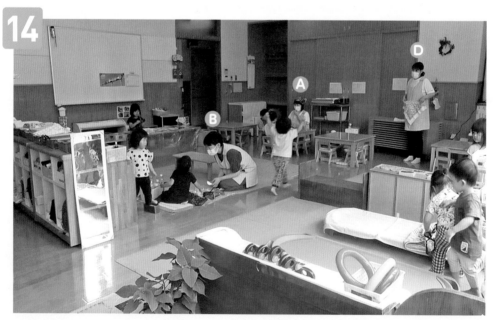

Ⓐ保育者のテーブルでは食事が進んでいます。出勤してきたⒹ保育者がバンダナを取り出しました。それを見たⒹ保育者担当の⑥ちゃんが嬉しそうに駆け寄ってきました。

手洗いを終えた⑥ちゃんと Ⓓ保育者の食事がスタートします。Ⓐ保育者と Ⓓ保育者の担当する子どもたちも、他の子どもたちと一緒に室内で遊んでいるのを、Ⓑ保育者と Ⓒ保育者が見ています。

Ⓐ保育者と Ⓓ保育者のテーブルでは和やかに食事が進んでいます。Ⓒ保育者と⑦ちゃん、⑧ちゃんがトイレに向かいます。室内の遊びは Ⓑ保育者が見ています。

⑥ちゃんの食事が終わりました。Ⓓ保育者はテーブルを片付け、子どもの遊びを見る方にまわります。同時にⒸ保育者が食事の用意を始めたことを、子どもたちは察知します。食事を終えた子どもは午睡に入ります。

Ⓒ保育者と子どもの食事が始まります。Ⓓ保育者も食事の準備を始めたので、担当する子どもたち⑦ちゃんと⑧ちゃんは手を洗いに行きました。Ⓐ保育者は食事の援助を終え、子どもの遊びを見ます。

Ⓓ保育者のテーブルで食事が始まります。少し後になって⑨ちゃんもテーブルに着きました。Ⓒ保育者のテーブルでも食事が進んでいます。室内では、お昼寝をする子も遊ぶ子もいます。Ⓐ保育者が子どもの遊びを見ており、Ⓑ保育者は担当の子どもをトイレに誘います。

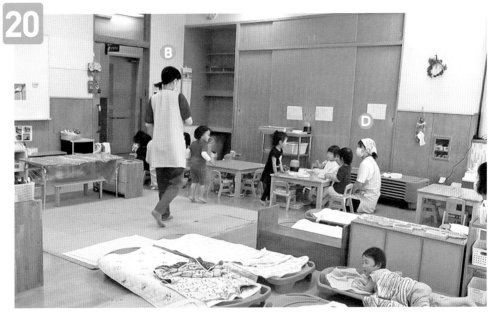

Ⓑ保育者は、一緒に排泄から戻ってきた子どもたちを食事に誘います。子どもたちは、自分の生活の流れに見通しをもてているので、スムーズに手洗いに向かいます。

B保育者は、手洗いを済ませた子どもたちとテーブルに着き、食事の援助を始めました。
C保育者、**D**保育者のテーブルでも食事が進んでいます。**A**保育者は、ぐっすり眠る子どもたちを見ています。

まとめ

　一人ひとりの子どもに流れる日課があること、個別に生活援助を行うことは、どの年齢でも同様ですが、２歳児の場合は、子ども自身の理解も進み、見通しをもって自分で行動できることもたくさんあります。ここで示した画像は、２歳児の５月の姿です。これから自分でできることがもっと増えていき、食事や排泄を同じタイミングで行う子どもの人数も、徐々に増えていきます。子どもが行為を獲得し、自分でできるようになっていく２歳児に対して、保育者は「子どもが自分でできること」を見守ることが大切です。子どもが自分でできるようになった行為を保育者が確認する、幼児への過渡期である２歳児への援助は、特に一年の後半では、「直接手を出す援助」ではなく「目を配る」援助となります。手を出さなくてよくなる分、しっかりと確認を行う必要があります。

参考文献

秋田喜代美監、山邉昭則・多賀厳太郎編『あらゆる学問は保育につながる－発達保育実践政策学の挑戦』東京大学出版会 ,2016.

B. バックレイ、丸野俊一監訳『0 歳児～ 5 歳児までのコミュニケーションスキルの発達と診断』北大路書房 ,2004.

遠城寺宗徳・合屋長英他『遠城寺式乳幼児分析的発達検査法（九大小児科改訂版）』慶應義塾大学出版会 ,1978.

T. ハームス・D. クレア・R.M. クリフォード・N. イェゼジアン、埋橋玲子訳、『新・保育環境評価スケール② 0・1・2 歳』法律文化社 ,2018.

帆足英一『やさしいおむつはずれ－じっくり見極めパッととる』赤ちゃんとママ社 ,2009.

岩田純一『子どもの発達の理解から保育へ〈個と共同性〉を育てるために』ミネルヴァ書房 ,2011.

岩立志津夫・小椋たみ子編著『言語発達とその支援』ミネルヴァ書房 ,2002.

鴨下 賢一編著、小玉武志・佐藤匠・髙橋知義・戸塚香代子・東恩納拓也『家庭で育てる発達が気になる子の実行機能』中央法規出版 ,2020.

金子芳洋・菊谷武監、田村文誉・楊秀慶・西脇恵子・森谷順子『上手に食べるために－発達を理解した支援』医歯薬出版 ,2005.

金田利子・柴田幸一・諏訪きぬ『母子関係と集団保育－心理的拠点形成のために』明治図書 ,1990.

金田利子・諏訪きぬ・土方弘子編著『「保育の質」の探求－「保育者 - 子ども関係」を基軸として』ミネルヴァ書房 ,2000.

経済協力開発機構 (OECD) 編著、ベネッセ教育総合研究所企画・制作、無藤隆・秋田喜代美監訳『社会情動的スキル―学びに向かう力』明石書店 ,2018.

コダーイ芸術教育研究所『乳児保育の実際－子どもの人格と向き合って』明治図書 ,2006.

小西行郎『赤ちゃんと脳科学』集英社新書 ,2003.

小西行郎・遠藤利彦編『赤ちゃん学を学ぶ人のために』世界思想社 ,2012.

厚生労働省『保育所保育指針』2008.

厚生労働省『保育所保育指針解説書』2008.

厚生労働省『保育所保育指針』2017.

厚生労働省『保育所保育指針解説』2018.

森口佑介『わたしを律するわたし－子どもの抑制機能の発達』京都大学学術出版会 ,2012.

中川信子『ことばをはぐくむ－発達に遅れのある子どもたちのために』ぶどう社 ,1986.

中川信子『心をことばにのせて－子どもとのいい関係とことばの育ち』ぶどう社 ,1990.

西村真実『育児担当制による乳児保育－子どもの育ちを支える保育実践』中央法規出版 ,2019.

西村真実『担当制で進める０・１・２歳児の保育の基本』ひかりのくに ,2020.

大藪泰『共同注意－新生児から２歳６か月までの発達過程』川島書店、2004.

V. プライアー・D. グレイザー、加藤和生監訳『愛着と愛着障害－理論と根拠に基づいた理解・臨床・介入のためのガイドブック』北大路書房 ,2008.

佐伯胖『幼児教育へのいざない－円熟した保育者になるために（増補改訂版）』東京大学出版会 ,2014.

汐見稔幸・小西行郎・榊原洋一責任編集『乳児保育の基本』フレーベル館 ,2007.

末松たか子『おむつのとれる子、とれない子－排泄のしくみとおしっこトレーニング』大月書店 ,1994.

D. サスキンド、掛札逸美訳、高山静子解説『3000 万語の格差－赤ちゃんの脳をつくる、親と保護者の話しかけ』明石書店 ,2018.

諏訪きぬ『保育実践を見直す視点－主体性のある保育のために』新読書社 ,1989.

高山静子『環境構成の理論と実践－保育の専門性に基づいて』エイデル研究所 ,2014.

高山静子『改訂 保育者の関わりの理論と実践－保育の専門性に基づいて』郁洋舎 ,2021.

竹田契一、里見恵子編著『インリアル・アプローチ－子どもとの豊かなコミュニケーションを築く』日本文化科学社 ,1994.

竹下研三『人間発達学－ヒトはどう育つのか』中央法規出版 ,2009.

田中昌人・田中杉恵『子どもの発達と診断 1 乳児期前半』大月書店 ,1981.

田中昌人・田中杉恵『子どもの発達と診断 2 乳児期後半』大月書店 ,1982.

田中昌人・田中杉恵『子どもの発達と診断 3 幼児期Ⅰ』大月書店 ,1984.

田中昌人・田中杉恵『子どもの発達と診断 4 幼児期Ⅱ』大月書店 ,1986.

田中真介監、乳幼児保育研究会編著『発達がわかれば子どもが見える－０歳から就学までの目からウロコの保育実践』ぎょうせい ,2009.

田島信元・子安増生・森永良子・前川久男・菅野敦編著『認知発達とその支援』ミネルヴァ書房 ,2002.

八木義雄監、北九州市保育士会編著『自我の芽生えとかみつき－かみつきからふりかえる保育』蒼丘書林 ,2013.

米山千恵・渡辺幸子編著『0 歳児クラスの楽しい生活と遊び』明治図書出版 ,1997.

米山千恵・渡辺幸子編著『1 歳児クラスの楽しい生活と遊び』明治図書出版 ,1998.

吉本和子『乳児保育－一人ひとりが大切に育てられるために』エイデル研究所 ,2002.

著者紹介

西村 真実 (にしむら　まみ)

帝塚山大学　教育学部　こども教育学科　准教授
保育士として大阪府豊中市立保育所に15年勤務。2005年3月、大阪市立大学大学院前期博士課程修了。同年4月より保育士養成校に教員として勤務、現在に至る。
池田市子ども子育て会議委員、芦屋市子ども子育て会議委員、西宮市保育施設安全対策委員会委員長を務める。

ご協力に感謝いたします

撮影協力園／社会福祉法人正善寺福祉会 小倉北ふれあい保育所
　　　　　　　職員、園児、保護者のみなさま

撮影／酒井初惠先生（主任保育士）、酒井義秀先生（園長）

撮影指導・画像編集／堤谷孝人様（ルートツー）

育児担当制による乳児保育　実践編
一人ひとりへの生活・発達・遊びの援助

2021年8月20日　初　版　発　行
2022年6月15日　初版第3刷発行

著　者　　西村真実
発行者　　荘村明彦
発行所　　中央法規出版株式会社
　　　　　〒110-0016　東京都台東区台東3-29-1中央法規ビル
　　　　　TEL　03-6387-3196
　　　　　https://www.chuohoki.co.jp/

デザイン　　谷 由紀恵
印刷・製本　株式会社ルナテック
映像撮影　　酒井初恵
画像編集　　堤谷孝人（ルートツー）
本文イラスト　にしださとこ
編集協力　　株式会社スリーシーズン

本書の内容に関するご質問については、下記URLから「お問い合わせフォーム」にご入力いただきますようお願いいたします。
https://www.chuohoki.co.jp/contact